JN274691

裁決事例（全部取消）による

役員給与・寄附金・交際費・貸倒れ・資本的支出と修繕費

―こうして私は税務当局に勝った！―

山本 守之 [著]

財経詳報社

はじめに

　税務調査で調査官と民間（納税者・税理士）の意見が対立することは珍しくない。ここで多くの問題が生ずるのは「役員給与」「寄附金」「交際費」「貸倒れ」「その他（収益事業，減価償却）」等である。

　調査の結果，更正処分がなされ，納税者がこの処分に不服がある場合は国税不服審判所に審理請求をする。

　審査請求の結果，納税者の言い分が認められて更正処分が取り消される例が少なくない。

　そんなとき，「審査請求をしてよかった。納税者が泣き寝入りしたら救えなかった」と思う。

　残念なことに審査事例は原則として公開されておらず，特に納税者の言い分が通った裁決は事例集にもほとんど載っていない。

　そこで著者はTAINSを通して情報公開法による開示請求をし，これらの事案を解説することにした。

　このなかには課税庁（税務署・国税局）の事実認定や法令解釈の誤りも多くあり，調査を受ける側として参考になることが多い。

　本書によって多くの納税者や税理士が税務調査に自信をもってのぞめるようになり，正当な納税者の主張が少しでも多く認められ，正直な納税者が救われることになれば幸いである。

平成26年2月末日

山本　守之

〔参考にした文献〕

　本書執筆にあたっては，次のような文献を参考にさせていただいた。いずれも山本守之の著書及び執筆となっている。

（著書）
・『体系法人税法（30訂版）』税務経理協会2013年8月発行より
・『支出先別　交際費判定の手引』新日本法規2013年6月発行より

（雑誌）
〈第1章　役員給与〉
・「役員の辞任を巡る事実認定」『税務事例』財経詳報社2012年2月号
・「改訂された『役員給与に関するQ&A』の意味」『税務事例』財経詳報社2012年7月号
・「役員給与の損金不算入とその理由」『税務事例』財経詳報社2013年5月号
・「分掌変更と役員退職給与」『税務事例』財経詳報社2013年6月号
・「役員退職給与の損金不算入規定が適用された事例」『税務事例』財経詳報社2013年12月号
・「『退職』という事実の判定」『税務事例』財経詳報社2013年8月号

〈第2章　寄附金〉
・「寄附を条件とした土地の売買」『税務事例』財経詳報社2011年9月号
・「親子会社間の仕入金額の増額の場合の取扱い」『税務事例』財経詳報社2011年12月号
・「親子会社間の適正管理料の認定と寄附金」『税務事例』財経詳報社2012年5月号
・「建物賃貸借契約における敷引金の取扱いについて」『税務事例』財経詳報社2012年11月号
・「無利息融資を巡る背景を考える」『税務事例』財経詳報社2013年9月号

〈第3章　交際費〉
・「契約を変更せずに行った業務委託料の性格」『税務事例』財経詳報社2011年8月号
・「売上割戻しにおける損金性の判断」『税務事例』財経詳報社2011年11月号
・「談合金の背景と定義からみた交際費」『税務事例』財経詳報社2012年8月号

〈第4章　貸倒れ〉
・「貸倒れにおける適用要件の差異」『税務事例』財経詳報社2012年4月号

〈第5章　その他〉
（第1節　収益事業）
・「収益事業にみる法解釈のあり方」『税務事例』財経詳報社2012年6月号
（第2節　減価償却資産）
・「資本的支出と修繕費の区分」『税務事例』財経詳報社2011年10月号
・「建物を建て替えた際の旧建物除去損」『税務事例』財経詳報社2012年3月号
・「冷房用設備は建物附属設備か器具及び備品か」『税務事例』財経詳報社2012年9月号
・「原発事故と評価損，有姿控除」『税務事例』財経詳報社2013年3月号
・「固定資産取得に際して支払われた固定資産税相当額」『税務事例』財経詳報社2013年7月号

本書の構成

この本は次の順序で構成されている。

```
┌─────────────────────────────────────────┐
│ ①　事例を理解するための基礎知識の解説   │
│　　　　　　　（基礎知識）               │
└─────────────────────────────────────────┘
                   ⇩
┌─────────────────────────────────────────┐
│ ②　国税不服審判所の裁決事例の解説       │
│　　（不開示となっていたものを情報公開法に基づき開 │
│　　示請求をした（事例解説）開示内容に基づいて解説）│
└─────────────────────────────────────────┘
                   ⇩
┌─────────────────────────────────────────┐
│ ③　②に基づいて納税者が知っておくべき事項について │
│　　のコメント                           │
│　　　　　　　（コメント）               │
└─────────────────────────────────────────┘
```

　税務調査を受け，納税者が課税庁（税務署，国税局等）から更正処分を受ける事例があるが，このうち納税者がこの処分に不服がある場合には，国税不服審判所に審査請求をすることがある。この請求に基づいて課税庁の処分が取り消された事例は少なくない。
　しかし，これらのうち審判所で不開示とされているものが相当数ある。同じような事案で納税者が審査請求すれば更正処分が取り消されたであろうと思われる。
　そこで，日本税理士会連合会のなかのTAINS（タインズ）（Tax Accountant Information Network Systemの頭文字で「税理士情報ネットワークシステム」の略称）という組織が情報公開法第9条第1項により開示請求を行い，開示されたものを著者が入手し，解説したものである。
　これにより，課税庁の税務調査における考え方を知ることができ，納税者がど

のように対応すれば更正等の処分を受けなくて済むかを知ることができる。
本書はこのような考え方によって記述したものである。
ご活用いただければ幸いである。

平成26年2月末日

山本　守之

目　次

はじめに………i

〔参考にした文献〕………ii

本書の構成………iv

第1章　役員給与の損金不算入　——— 1

基礎知識

I　損金不算入の規定 ……………………………… 1
1　役員給与………1
2　損金の額に算入されるもの………5
3　役員退職給与の損金不算入………14

事例解説

II　事例でみる役員給与 ……………………………… 28
1　事例の内容………28

事　例

2　役員の辞任を巡る事実認定………28
3　改訂された「役員給与に関するQ&A」の意味………32
4　役員給与の損金不算入とその理由………36
5　分掌変更と役員退職給与………40
6　役員退職給与の損金不算入規定が適用された事例………48
7　「退職」という事実の判定………52

第2章　寄附金

[基礎知識]

I　寄附金を巡る問題点と考え方 ………………………………… 57
 1　寄附金の内容………57
 2　税制調査会（法人課税小委員会）の誤り………58
 3　寄附金の対応を変えた例………59
 4　寄附金の考え方………60

[事例解説]

II　事例でみる寄附金 ……………………………………………… 67
 1　事例の内容………67

[事　例]

 2　寄附を条件とした土地の売買………67
 3　親子会社間の仕入金額の増額の場合の取扱い………72
 4　親子会社間の適正管理料の認定と寄附金………76
 5　建物賃貸借契約における敷引金の取扱いについて………80
 6　無利息融資を巡る背景を考える………84

第3章　交際費

[基礎知識]

I　交際費の成立要件とその範囲 ………………………………… 89
 1　損金不算入額………89

2 平成26年度の改正………90

3 課税要件としての交際費………92

4 事例でみる成立要件………93

5 裁判例からみた成立要件（萬有製薬事件）………94

6 交際費の文理的検討………99

7 交際費等から除外されるもの………102

事例解説

Ⅱ 事例でみる交際費 …………………………………………………… 109

1 事例の内容………109

事　例

2 契約を変更せずに行った業務委託料の性格………109

3 売上割戻しにおける損金性の判断………113

4 談合金の背景と定義からみた交際費………117

第4章　貸倒れ ——————————————————— 121

基礎知識

Ⅰ 貸倒れの要件と概要 ………………………………………………… 121

1 概　要………121

2 貸倒れの経理要件………122

3 法律的債権消滅（法基通9－6－1）………123

4 会計認識上の貸倒れ（法基通9－6－2）………124

5 要件の修正………125

6 売掛債権の特例（法基通9－6－3）………128

7 新しい解釈基準を示した判決（興銀事件）………129

> 事例解説

Ⅱ 事例でみる貸倒れ …………………………………………………… 134
  1 事例の内容………134

> 事　例

  2 貸倒れにおける適用要件の差異………134

第5章　その他 ───────────────────── 139

> 基礎知識

第1節　収益事業 ……………………………………………………… 139
Ⅰ 課税の考え方と正当な競争原理 ……………………………………… 139
  1 収益事業課税の経緯………139
  2 収益事業に課税する理由………141
  3 収益事業………142

> 事例解説

Ⅱ 事例でみる収益事業 …………………………………………………… 145
  1 事例の内容………145

> 事　例

  2 収益事業にみる法解釈のあり方………145

第2節　減価償却資産 …………………………………………………… 150

> 基礎知識

Ⅰ 資本的支出のとらえ方………………………………………………… 150
  1 意　義………150

2　期間延長分………150
　3　価額増加分………151
　4　耐用年数との関係………151
　5　資本的支出の具体的例示………152
　6　修繕費の例示………152
　7　問題点………153
　8　取壊し建物等の除却損………153
　9　土地とともに取得した建物等の除却損………154

事例解説

Ⅱ　事例でみる減価償却資産 …………………………………… 155
　1　事例の内容………155

事　例

　2　資本的支出と修繕費の区分………155
　3　建物を建て替えた際の旧建物除去損………160
　4　冷房用設備は建物附属設備か器具及び備品か………164
　5　原発事故と評価損，有姿控除………170
　6　固定資産取得に際して支払われた固定資産税相当額………175

【参考】平成26年度改正………179

第1章 役員給与の損金不算入

基 礎 知 識

I 損金不算入の規定

1 役員給与
(1) 一般の役員給与
法人税法第34条第1項では，次のもの以外は損金不算入としている。
① 定期同額給与（支給時期が1月以下の一定の期間ごとである給与で，その支給時期における支給額が同額であるものその他これに準ずる政令で定める給与）は損金算入
② 事前確定届出給与（その役員の職務につき所定の時期に確定額を支給する旨の定めに基づいて支給する給与（定期同額給与及び利益連動給与〈利益に関する指標を基礎として算定される給与〉を除くものとし，定期給与を支給しない役員に対して支給する給与（同族会社に該当しない内国法人が支給するものに限る。）以外の給与にあっては税務署長に届出をしている給与に限る。））は損金算入
③ 利益連動給与（利益に関する指標を基礎として算定されるもののうち一定の要件を満たすもの）は損金算入
   (注)「事前」とは，その給与に係る職務執行の開始の日と会計期間開始の日から3月を経過する日とのいずれか早い日

(2) その他の役員給与と全体像
(1)のほか，次のような規定がある。
① 過大な役員給与，過大な役員退職給与は損金の額に算入しない。
② 事実を隠ぺいし，又は仮装して経理することにより支給する役員給与は損金の額に算入しない。

役員給与の規定の全体像を図解してみると次のようになる。

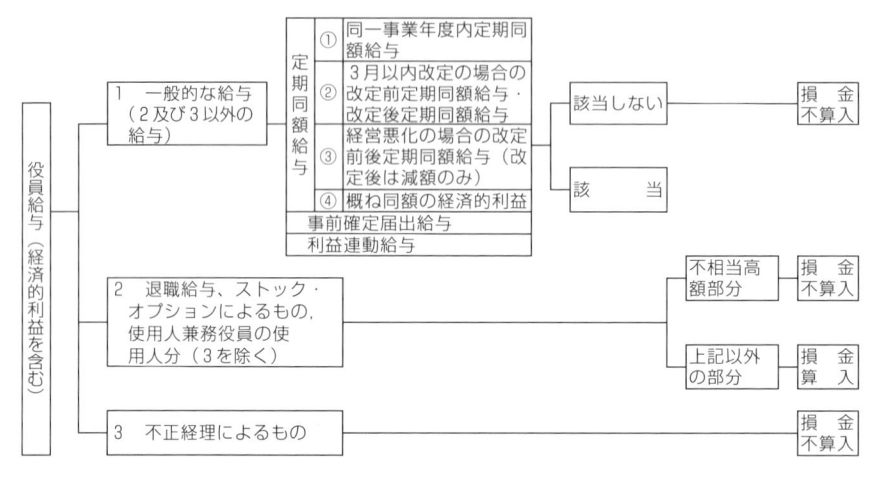

```
役員給与（経済的利益を含む）
├─ 1 一般的な給与（2及び3以外の給与）
│   ├─ 定期同額給与
│   │   ① 同一事業年度内定期同額給与
│   │   ② 3月以内改定の場合の改定前定期同額給与・改定後定期同額給与
│   │   ③ 経営悪化の場合の改定前後定期同額給与（改定後は減額のみ）
│   │   ④ 概ね同額の経済的利益
│   ├─ 事前確定届出給与
│   └─ 利益連動給与
│       ├─ 該当しない → 損金不算入
│       └─ 該当
├─ 2 退職給与、ストック・オプションによるもの、使用人兼務役員の使用人分（3を除く）
│       ├─ 不相当高額部分 → 損金不算入
│       └─ 上記以外の部分 → 損金算入
└─ 3 不正経理によるもの → 損金不算入
```

（注）役員給与の損金経理要件は利益連動給与のみ（役員退職給与の損金経理要件は撤廃）
（出所）財務省資料一部修正

(3) 損金不算入の理由

役員の給与について法人税法が損金算入に関する規制を行っているのは，役員が使用人と異なり法人に対して特殊な地位にあるためと考えられる。

すなわち，役員は資本主によって選任され，その委託に基づいて法人の業務を執行する（会社法330）という特殊な地位に立つものであり，報酬等をある程度自由に決定し，又はこれをチェックすることが事実上行われ難いということから設けられたものであろう。

なお，国税庁では，「役員給与に関するQ&A」（平成18年6月）において次のQ1の事例について次のように答えている。

> **(Q1)** 当社は，3月決算法人ですが，6月末の定時株主総会において役員に対して支給する定期給与について増額改定を決議しました。増額改定に当たっては，期首の4月にそ及して増額することとし，4月分から6月分までの給与の増額分は7月に一括支給します。このような支給形態であっても，定期同額給与として損金の額に算入できますか。

〔解答〕
「(損金に算入される)役員給与は,いずれもその役員の職務執行期間開始前にその職務に対する給与の額が定められているなど支給時期,支給金額について『事前』に定められているものに限られています。したがって,既に終了した職務に対して,『事後』に給与の額を増額して支給したものは,損金の額に算入されないこととなります。」(国税庁『役員給与に関するQ&A』(平成18年6月))

(4) 損金不算入に関する平成18年度の改正

このように,役員給与の損金算入要件が平成18年度から大きく変わったことについて,財務省の説明では,「(平成18年改正前までは)役員に支給する給与が定期のものか臨時的なものかという支給形態によって損金算入の可否を区別していたが,改正後は,役員給与がその職務執行前にあらかじめ支給時期・支給額が定められていたものに基づくものであるか否かによって損金算入の可否を区分することとされた。」(『税務弘報』2006年6月臨時号小崎純弥稿)としていた。

この場合の職務執行前にあらかじめ支給時期が定められている形態を次の3つに区分している。

① 定期同額給与は,その支給形態から事前の定めに基づいて支給されているものと認められる。
② 事前確定届出給与は,税務署長への届出により事前に定められていることが確認できる。
③ 利益連動給与は,有価証券報告書等への開示により支給額の算定方法が事前に定められている。

しかし,著者は,役員給与を職務執行前にあらかじめ支給時期,支給額が定められているか否かで損金性判断の基準とすることは適当ではないと考えている。

役員給与の損金性について,その給与の性格から判断すべきであるが,旧法下では定期か臨時かという支給形態から区分するという前近代的な規定は早急に是正するべきであり,そのチャンスは会社法の制定に基づく法人税法の改正にあると考えていた。

給与の支給形態でその給与の性格を判断することの不適切さは,新法によっ

ても是正されなかった。

また,「あらかじめ定められた給与」と「利益連動給与で一定のもの」は,従来のように定期か臨時かで損金性を区分していると,企業会計基準委員会の考え方と乖離してしまい,次のような考え方に反するということになる。

① 会社の利益は職務執行の成果であり,この功労に報いるために支給される役員賞与もやはり業績連動型の役員報酬と同様に職務執行の対価と考えられる。
② 役員賞与と役員報酬は職務執行の対価として支給されるが,職務執行の対価としての性格は本来,支給手続の相違により影響を受けるものではないと考えられるため,その性格に従い,費用として処理することが適当である。

そこで,「あらかじめ支給額と支給時期が定められた役員報酬・賞与」と「算定手続等の適正性・透明性が確保された業績連動型報酬・賞与」を損金の額に算入することにしたとされている。

役員給与は役員の法人に対する役務提供の対価であるから原則はあくまで損金の額に算入されるべきで,一定のものを別段の定めとして損金不算入とする立法は認められよう。

しかし,現行法は役務提供の対価である役員給与を原則損金不算入とし,損金の額に算入されるものについてだけ規定するという規定手法をとっており,租税法の立法として認められるものではない。

財務省は一日も早く反省して法改正を行うべきであろう。

法人税法第22条第3項では,損金の額に算入すべき金額を別段の定めのあるものを除き次のように規定している。

① 当該事業年度の収益に係る売上原価,完成工事原価,その他これらに準ずる原価の額
② ①に掲げるもののほか,当該事業年度の販売費,一般管理費その他の費用(償却費以外の費用で当該事業年度の終了の日までに債務の確定しないものを除く)の額
③ 当該事業年度の損失の額で資本等取引以外の取引に係るものの額

この規定からすれば,役員給与は損金の額に算入すべきであるが,法人税法第34条第1項では同条第1項第1号~第3号の役員給与(定期同額給与,事前

確定届出給与，利益連動給与）以外の役員給与は原則として損金不算入としている。

この規定の仕組みを図解してみると次のようになる。

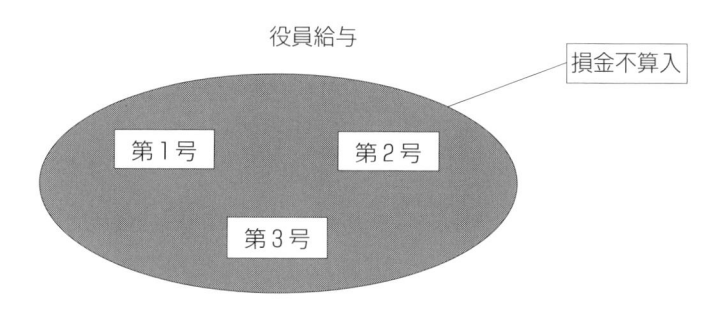

役員給与

損金不算入

第1号　第2号
第3号

（注）第1号，第2号，第3号以外の斜線部分はすべて損金不算入となっている。

役員給与について第1号，第2号，第3号だけは損金算入，他は全部損金不算入としている。これを称して原則損金不算入というのである。

このように第1号〜第3号以外は損金不算入とすると，財務省の想定していない形で役員給与を支給したり改定したりすると損金不算入となってしまう。

役員給与は役員の法人に対する役務提供の対価であるから原則はあくまで損金の額に算入されるべきで，一定のものを別段の定めとして損金不算入とする立法は認められよう。

しかし，役務の提供の対価である役員給与を原則損金不算入とし，損金の額に算入されるものについてだけ規定するというのは租税法の立法として認められるものではない。

2　損金の額に算入されるもの
(1)　定期同額給与
法令における「定期同額給与」とは次に掲げるものである（法34①，令69①）。
① その支給時期が1月以下の一定の期間ごとであり，かつ，当該事業年度の各支給時期における支給額が同額である給与
② その支給時期が1月以下の一定の期間ごとであるもの（以下「定期給与」という）の額につき当該事業年度開始の日の属する会計期間開始の日から

3月を経過する日（以下「会計期間3月経過日」という）までにその改定がされた場合における次に掲げる定期給与（令69①一）

　ⅰ）　その改定前の各支給時期（当該事業年度に属するものに限る。ⅱにおいて同じ。）における支給額が同額である定期給与

　ⅱ）　その改定以後の各支給時期における支給額が同額である定期給与

③　定期給与の額につき当該法人の経営の状況が著しく悪化したことその他これに類する理由によりその改定がされた場合（減額した場合に限り，②に該当する場合を除く。）の当該事業年度のその改定前の各支給時期における支給額及びその改定以後の各支給時期における支給額がそれぞれ同額である定期給与（令69③）

④　継続的に供与される経済的な利益のうち，その供与される利益の額が毎月おおむね一定であるもの（令69①二）

　法人税基本通達9-2-12（定期同額給与の意義）とその（注）では次のように書いてある。

　「非常勤役員に対し年俸又は事業年度の期間俸を年1回又は年2回所定の時期に支給するようなものは，たとえその支給額が各月ごとの一定の金額を基礎として算定されているものであっても，同号に規定する定期同額給与には該当しないことに留意する。

　　（注）　非常勤役員に対し所定の時期に確定額を支給する旨の定めに基づいて支給する年俸又は期間俸等の給与のうち，次に掲げるものは，法第34条第1項第2号《事前確定届出給与》に規定する給与に該当する。
　　　⑴　同族会社に該当しない法人が支給する給与
　　　⑵　同族会社が支給する給与で令第69条第2項《事前確定届出給与の届出》に定めるところに従って納税地の所轄税務署長に届出をしているもの」

　なお，定期同額給与の改定の届出は次のとおりとなっている。

　①から③までの改定がされる場合で，事業年度開始の日から改定の日までの間，改定の日から（次の）改定の日までの間，（次の）改定の日から事業年度終了の日までの間の各支給時期における支給額が同額である定期給与についても定期同額給与とする（令69①）。

①　通常改定（令69①一イ）

　　会計期間を開始する日から3月経過日等（保険会社はその会計期間開始の日から4月を経過する日）まで（継続して毎年所定の時期にされる改定で3

月経過日後にされることについて特別の事情があると認められる場合は，その時期）にする改定
② 臨時改定事由による改定（令69①一ロ）
・職制上の地位の変更（例：平取締役→社長）
・職務の内容の重大な変更（例：組織再編成による職務内容の大幅な変更）
・その他やむを得ない事情による変更
③ 業績悪化改定事由による改定（令69①一ハ）
　経営状況の著しい悪化による減額改定

③では，給与の減額要件を「経営状況の著しい悪化」としており，悪化ではあるが，著しい悪化でない場合は減額要件に該当しないとしている。

ここでは，給与を減額する理由を「法人の経営状況が著しく悪化したこと」としているが，これは給与減額の典型的理由として例示しているだけであるなら理解できるが，この理由が限定的なものとしている財務省の解釈は承諾できない。

例えば，鉄鋼会社が高炉を建設したり，自動車会社が画期的な新型車（ハイブリッドカーなど）を開発する場合などは巨額の開発費用が必要になる。このような場合には，企業の業績（経営状況）に関係なく，役員の給与を減額して全社一丸となって経営に当たるのである。役員の給与の減額が経営状況の著しい悪化に限るというのは，経営を知らない役人の発想である。

国税庁では，平成20年12月に発表した「役員給与に関するＱ＆Ａ」のうち（Ｑ１－２）を次のように平成24年4月に追加した。

（業績の著しい悪化が不可避と認められる場合の役員給与の減額）
〔平成24年4月追加〕

[Ｑ１－２] 当社（年１回３月決算）は，ここ数年の不況の中でも何とか経営を維持してきましたが，当期において，売上の大半を占める主要な得意先が１回目の手形の不渡りを出したため，その事情を調べたところ，得意先の経営は悪化していてその事業規模を縮小せざるを得ない状況にあることが判明し，数か月後には当社の売上が激減することが避けられない状況となりました。そこで，役員給与

の減額を含む経営改善計画を策定し，今月から役員給与を減額する旨を取締役会で決議しました。

　ところで，年度中途で役員給与を減額した場合にその損金算入が認められるためには，その改定が「経営の状況が著しく悪化したことその他これに類する理由」（業績悪化改定事由）によることが必要とのことですが，当社のように，現状ではまだ売上が減少しておらず，数値的指標が悪化しているとまでは言えない場合には，業績悪化改定事由による改定に該当しないのでしょうか。

[A]
　貴社の場合，ご質問の改定は，現状では売上などの数値的指標が悪化しているとまでは言えませんが，役員給与の減額などの経営改善策を講じなければ，客観的な状況から今後著しく悪化することが不可避と認められますので，業績悪化改定事由による改定に該当するものと考えられます。

[解説]
① 　定期給与（支給時期が１月以下の一定の期間ごとである給与）で，業績悪化改定事由により減額改定がされた場合において，減額改定前の各支給時期における支給額及び減額改定後の各支給時期における支給額が同額であるものは，それぞれ定期同額給与として損金の額に算入されます。この場合の業績悪化改定事由とは，「経営の状況が著しく悪化したことその他これに類する理由」をいいます。

　この業績悪化改定事由は，経営状況が著しく悪化したことなどやむを得ず役員給与を減額せざるを得ない事情があることをいい，通常は売上や経常利益などの会社経営上の数値的指標が既に悪化している場合が多いものと思われますが，ご質問の場合のように，現状ではこれらの指標が悪化しているとまでは言えない場合にも業績悪化改定事由に当たるのかどうか疑問が生じます。

② 　この点，ご質問は，売上の大半を占める主要な得意先が１回目の手形の不渡りを出したという客観的な状況があり，得意先の経営状況を踏まえれば数か月後には売上が激減することが避けられない状況となったた

め，役員給与の減額を含む経営改善計画を策定したとのことです。
　このように，現状では数値的指標が悪化しているとまでは言えないものの，役員給与の減額などの経営改善策を講じなければ，客観的な状況から今後著しく悪化することが不可避と認められる場合には，業績悪化改定事由に該当するものと考えられます。また，今後著しく悪化することが不可避と認められる場合であって，これらの経営改善策を講じたことにより，結果として著しく悪化することを予防的に回避できたときも，業績悪化改定事由に該当するものと考えられます。
　ご質問の場合以外にも，例えば，主力製品に瑕疵があることが判明して，今後，多額の損害賠償金やリコール費用の支出が避けられない場合なども業績悪化改定事由に該当するものと考えられますが，あくまでも客観的な状況によって判断することになりますから，客観的な状況がない単なる将来の見込みにより役員給与を減額した場合は業績悪化改定事由による減額改定に当たらないことになります。
③　なお，ご質問のような場合には，役員給与を減額するに当たり，会社経営上の数値的指標の著しい悪化が不可避と判断される客観的な状況としてどのような事情があったのか，経営改善策を講じなかった場合のこれらの指標を改善するために具体的にどのような計画を策定したのか，といったことを説明できるようにしておく必要がありますので，留意してください。
（注）　事前確定届出給与（法34①二）に係る業績悪化改定事由（法令69③二）についても，同様の取扱いとなります。

〈改訂コメント〉

　事例では得意先が1回目の手形が不渡りであるとしているが，そのような事情がなくとも，将来の売上減少が見込まれる場合も「著しい業績悪化」とするとしているはずなのである。
　従来は，現実に売上激減することが「経営状態が著しく悪化」と考えていたが，売上減少が現実のものとならなくとも，今後売上減少が避けられない状況にあれば，役員給与は今後の業績悪化を見越して引き下げてもよいとしたのである。

企業は今後の労働条件，為替水準（円高など），金利水準などを見越した中長期的な期間の経営環境を見越して経営を行うか，ともすれば現実に経営環境が悪化しなければ役員給与の減額を認めないとした税務執行を反省したのであろう。
　もともと経営上の判断は企業が行うもので税務が介入すべきでないのである。
　ここでは，給与の減額要件を「経営状況の著しい悪化」としており，悪化ではあるが，著しい悪化でない場合は減額要件に該当しないとしている。
　しかし，給与を減額する理由を「法人の経営状況が著しく悪化したこと」としているが，これは給与減額の典型的理由として例示しているだけであるなら理解できるが，この理由が限定的なものとしている財務省の解釈は承諾できない。
　ところで，このような法令規定の不合理を指摘するどころか，「単に前年の業績を下回っている」だけでは著しい悪化ではないなどという小手先の判断がまかり通っている。
　最近ではテレビ製造の不振や韓国勢の追い上げでパナソニックが役員給与を減額したり，シャープは役員・役職者はもちろん，一般の使用人の給与まで下げることにしたのは今後の経営状況を見通したからである。
　財務省は，「経営状況の著しい悪化」が給与を減額する限定的な要因としているが，法人は利益操作ではなく，さまざまな事情で役員給与を減額する場合がある。これを税の立場から制限する必要はない。例えば，経営状況は悪化していないが，設備投資の増大により資金繰りが悪化し，役員の給与を引き下げる必要がある場合もある。このような経営判断を税の立場から規制することはいかがなものか。法解釈をする者は，税の限界を承知しておかなければなるまい。
　定期同額給与の範囲等（令69①ハ）に規定する「経営の状況が著しく悪化したことその他これに類する理由」とは，経営状況が著しく悪化したことなどやむを得ず役員給与を減額せざるを得ない事情があることをいうのである。

(2)　事前確定届出給与
　「事前確定届出給与」は，その役員の職務につき所定の時期に確定額を支給

する旨の定めに基づいて支給する給与（定期同額給与及び利益連動給与〈利益に関する指標を基礎として算定される給与〉を除くものとし，定期給与を支給しない役員に対して支給する給与（同族会社に該当しない内国法人が支給するものに限る。）以外の給与にあっては税務署長に届出をしている給与に限る。）は損金の額に算入される（法34①二）。

旧法では，次の場合の6月及び12月に加算された給与は賞与として損金不算入となっていたが，平成18年度改正後の新法では，6月，12月に加算された分もこの支給が確定していて，あらかじめ届出をしてあれば損金の額に算入されるのである。

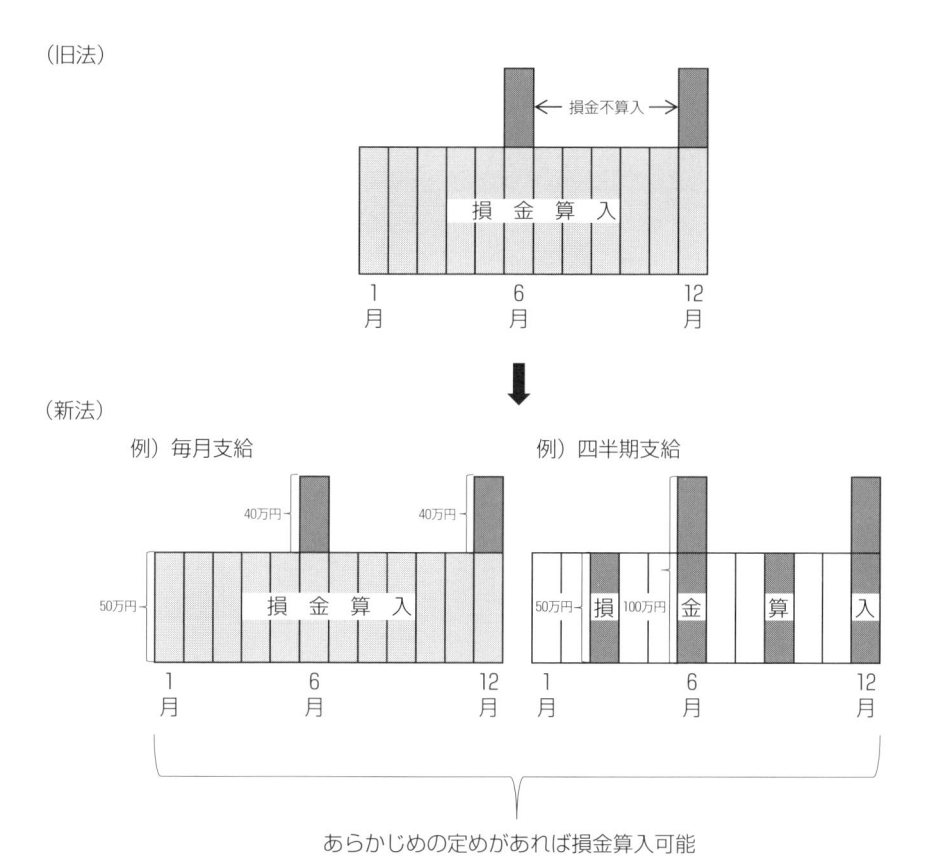

（旧法）

← 損金不算入 →

損　金　算　入

1月　　　6月　　　12月

（新法）

例）毎月支給

40万円　　　40万円

50万円　　損　金　算　入

1月　　　6月　　　12月

例）四半期支給

50万円　損　100万円　金　算　入

1月　　　6月　　　12月

あらかじめの定めがあれば損金算入可能

（出所）　経済産業省・中小企業庁資料に筆者が修正・加筆したものである。

届出の期限及び変更の届出期限は次のようになっている。
① 届出期限は次のとおり（令69②）。
　イ　株主総会等の決議により事前確定給与の定めをした場合におけるその決議の日（その日が職務執行開始日後である場合には，職務執行開始日）から１月経過日（同日が会計期間開始日から４月を経過する場合には４月経過日（保険会社にあってはその会計期間開始の日から５月経過日）とし，新設法人の場合にはその設立日以後２月を経過する日）
　ロ　臨時改定事由（新たに事前確定給与の定めをした場合に限る）が生じた日から１月経過日（イに該当する場合を除く。）
　　（注）　臨時改定事由の範囲については，定期同額給与の②と同じ
② 直前届出に係る定めの内容を以下の事由に基因して変更する場合の届出期限は，次のとおり（令69③）。
　イ　臨時改定事由……その事由から生じた日から１月経過日
　ロ　業績悪化改定事由……事前確定給与の定めの内容変更に関する株主総会の決議の日から１月経過日（内容変更前の支給日が１月経過日前である場合には，その支給日の前日）
　　（注）　同族会社以外の法人が定期給与を受けていない役員に対し支給する給与について，届出を不要とする（法34①二，令69④）

通常の届出期限（イメージ）は次のとおりである。

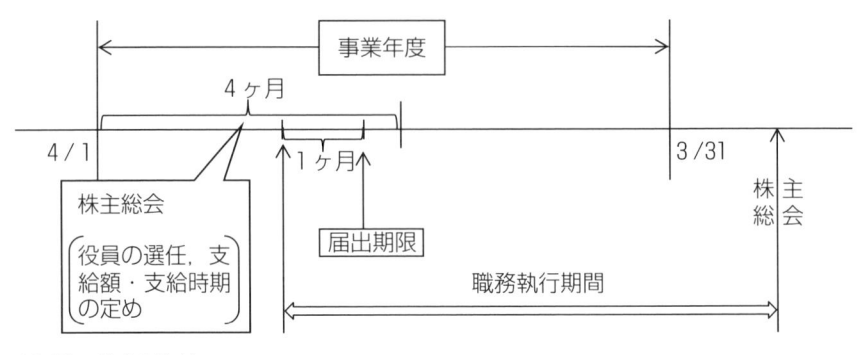

（出所）　財務省資料

「事前確定届出給与」（法34①二）とは，所定の時期に確定額を支給する旨の

定めに基づいて支給される給与をいうのであるから，納税地の所轄税務署長へ届け出た支給額と実際の支給額が異なる場合にはこれに該当しないこととなり，原則として，その支給額の全額が損金不算入となる（法基通9－2－14）。

(3) 利益連動給与

同族会社に該当しない内国法人がその業務執行役員に対して支給する利益連動給与で一定の要件を満たすもの（法34①三）は損金の額に算入される。

会社法第361条（取締役の報酬等）は，役員報酬を次のように定めている。

（取締役の報酬等）

第361条 取締役の報酬，賞与その他の業務執行の対価として株式会社から受ける財産上の利益（以下この章において「報酬等」という。）について次に掲げる事項は，定款に当該事項を定めていないときは，株主総会の決議によって定める。

一 報酬等のうち額が確定しているものについては，その額

二 報酬等のうち額が確定していないものについては，その具体的な算定方法

三 報酬等のうち金銭でないものについては，その具体的な内容

2 前項第二号又は第三号に掲げる事項を定め，又はこれを改定する議案を株主総会に提出した取締役は，当該株主総会において，当該事項を相当とする理由を説明しなければならない。

これによると取締役の報酬は次のように区分される。

① 確定額報酬
② 変動報酬
③ 非金銭報酬

このうち①は，事前確定型の報酬で月俸，年俸の場合がこれに当たるが，実際には，株主総会でその総額の最高限度額を定め，各取締役に対する配分額の決定は取締役会の決定に委ねることが多いようである。

②の変動報酬は業績連動型や株価連動型報酬で，具体的算定方法を定款に記載するか株主総会で決定しなければならない。この場合には取締役全員の総枠

で定めればよいとされ，例えば，「この期の利益の5分の1に相当する金額等」を定めればよい。業績連動型の指標として，「当期利益に連動する方法」，「経常利益に連動する方法」，「株主資本利益率に連動する方法（ROE）」，「総資産利益率に連動する方法（ROA）」，「その他の指標に連動するもの」など考えられる。

③の非金銭報酬は，取締役の報酬として金銭以外の現物を支給するものであり，例えば，割安な社宅の提供，社用車の無償使用等である。

3　役員退職給与の損金不算入
(1)　役員退職給与の損金算入時期

役員退職給与の損金算入時期は，法人税基本通達において，次のように定められている（法基通9-2-28）。

> 《法人税基本通達9-2-28》
> 　退職した役員に対する退職給与の額の損金算入の時期は，株主総会の決議等によりその額が具体的に確定した日の属する事業年度とする。ただし，法人がその退職給与の額を支払った日の属する事業年度においてその支払った額につき損金経理をした場合には，これを認める。（昭55年直法2-8「三十二」，平19年課法2-3「二十二」により改正）

つまり，損金算入時期は次のように2つの時期があるのである。
① 　株主総会等で具体的に支給すべき額が確定した日の属する事業年度
② 　支給額を支給日の属する事業年度において損金経理する
　　（注）①の「株主総会等」とは，株主総会，社員総会その他これに準ずるものの決議又はその委任を受けた取締役会の決議を指している。

商事法の考え方からすれば，役員退職金は株主総会の専決事項である以上は，①の処理が原則となり，②はあくまで特例である。

しかし，①のみとすると事実上退職給与を支給しても損金の額に算入しないと次のような不都合が生ずる。
① 　支給額について所得税を源泉徴収している。
② 　死亡退職金には相続税が課されている。

このように支給額に所得税や相続税を課しながら株主総会の決議がないという理由で法人税の損金の額に算入しないのは説明に苦しむもので，損金算入時期について2つの選択肢を置いたのである。

(2) 支給額を支給日の属する事業年度で損金経理する方法を巡る租税回避

役員退職金の支給額を支給日の属する事業年度において損金経理する方法を容認した結果，退職給与の支給時期を恣意的に操作して租税回避を図る事例が見受けられる。

例えば，株主総会等において具体的に確定した日の属する事業年度において，役員の退職給与を支払わずに何の経理もしないまま放置し，その後に土地を譲渡するなどして多額の所得が生ずる事業年度において役員退職給与を支給して損金経理をするという方法である。

特に，法人が土地等を譲渡した事業年度に合わせて役員退職給与を支給し，所得金額を圧縮しようとする傾向も見受けられる。

現に次のような論文を東京税理士会の会報の「論壇」に書く弁護士もいる有様で，同じ職業法律家として恥ずかしい限りである。

「法人税では全額が損金に算入され，所得税では2分の1課税なのであるから，退職金の支給が税務上有利であることは説明の必要がない。法人に多額の利益が生じた場合は社長に退職してもらうことを考えた方が良いかも知れない。退職所得のことを考えれば，身内は早いうちから取締役にしておいた方がよさそうである。」（原文のまま）

もともと，株主総会において役員退職給与の支給額が具体的に確定したとしても，役員であるが故に資金繰りがつくまで実際の支給をしないという実態があることもふまえ，支給額を支給日の属する事業年度において損金経理する手法を認めたものであり，支給すべき資金がありながら利益操作の具として取扱通達を利用することは許されるべきではない。

支給額を支給日の属する事業年度で損金経理することを通達で容認したため，退職給与の分割支給（退職年金の支給ではない。）をすることが考えられるが，この場合も通達改正の経緯からみて，企業が自由自在に分割支給をすることを容認するという意味ではなく「課税上弊害がない場合及び分割支給をすることに合理的理由がある場合」と考えるべきではなかろうか。

基本的には，次のような場合が考えられよう。
① 繰越欠損金の損金算入が認められる期間など，分割支給し，その都度損金算入をしても法人税負担に影響がないこと
② 法人の資金繰りが悪化している場合など，分割支給することに税負担以外の合理的理由があること

(3) 分掌変更の場合の退職給与に関する通達とその問題点
① その内容
役員の分掌変更の場合の退職給与については次のような取扱いがある。
法人が役員の分掌変更又は改選による再任等に際しその役員に対し退職給与として支給した給与については，その支給が，例えば次に掲げるような事実があったことによるものであるなど，その分掌変更等によりその役員としての地位又は職務の内容が激変し，実質的に退職したと同様の事情にあると認められることによるものである場合には，これを退職給与として取り扱うことができる（法基通9－2－32）。
　イ　常勤役員が非常勤役員（常時勤務していないものであっても代表権を有する者及び代表権は有しないが実質的にその法人の経営上主要な地位を占めていると認められる者を除く。）になったこと。
　ロ　取締役が監査役（監査役でありながら実質的にその法人の経営上主要な地位を占めていると認められる者及びその法人の株主等で令第71条第1項第5号《使用人兼務役員とされない役員》に掲げる要件のすべてを満たしている者を除く。）になったこと。
　ハ　分掌変更等の後におけるその役員（その分掌変更等の後においてもその法人の経営上主要な地位を占めていると認められる者を除く。）の給与が激減（おおむね50％以上の減少）したこと。
　　（注）　本文の「退職給与として支給した給与」には，原則として，法人が未払金等に計上した場合のその未払金等の額は含まれない。

② 京都地裁判決と国税庁の態度
通達は分掌変更に際して，「実質的に退職したと同様の事情にあること」について，例えば常勤役員が非常勤役員になったこと，取締役が監査役になったこと，その分掌変更後における報酬が概ね50％以上減少したこと等を例示して

いる。

　通達はあくまで例示で，退職と同様の事情にあったか否かはその分掌変更後における職務の内容，役員としての地位の激変等の事実により実質的に判定するべきなのである。

　しかし，一般の税実務では，通達に書かれている例示があたかも課税要件のように受け取られている。

　その意味からすれば，このような「例示」は通達に書くものではなく，退職という事実の判定は納税者の法解釈に委ねるべきであったかもしれない。

　実は，平成18年2月10日の京都地裁判決（平成18年10月25日大阪高裁同旨）では，法人税基本通達9－2－23（現行法人税基本通達9－2－32）に定めた事実に該当するとしても，「退職の事実」はあくまでも実質的に判断すべきだとしている。

　この意味では，通達に書かれた事実に盲目的に従っている税実務に対して警鐘を鳴らした判決であるといえる。

　この判決では，「甲は，代表取締役辞任以後も原告の取締役であり，報酬も減少したものの月額X円を受け取っている上，取引先との対応等の業務に従事しており，乙も，監査役として法的責任を負う立場にあって，減少したものの報酬を受領しているのであるから，両名が原告を退職したということはできない。本件通達も，形式的に本件通達㈲～㈧までのいずれかに当たる事実がありさえすれば，当然に退職給与と認めるべきという趣旨とは解されない。」としている。

　法人税基本通達9－2－23（現行法法人税基本通達9－2－32）の㈲，㈩，㈧は実質的な退職を判定するための通達上の要件を示しているものに過ぎず，退職の事実はあくまでも実質的に判定すべきである。

　また，同通達の㈲～㈧は通達が示した例示に過ぎず，役員としての地位の激変は実質的に判定すべきで，通達に頼って税務の解釈をすることは危険である。

　通達を適用する場合は，適用上の背景を無視してはならない。

　税理士が租税法を自ら解釈することなく，通達やQ&Aに頼り，これを課税要件のように受け取っていると，税法自体の耐用年数が経過し，賞味期限をすぎてしまう。

(4) 支給の遅延
① 通常の退職給与

　役員の退職給与は，会社法第361条の適用を受けるので，株主総会等の決議を経てはじめて具体的な退職給与請求権が確定する。

　このため，法人税の取扱いにおいても，株主総会等で退職給与の額が具体的に確定した日の属する事業年度で損金の額に算入するのが原則となっている。

　ただ，株主総会等における支給決議を退職後いつまでに行わなければならないという規定は存在しない。

　一般的には退職後最初に開催される株主総会等で退職給与の支給決議が行われるであろうが，決議時期について特段の規定がない以上は，退職後長期間を経てから支給決議をしても，税務上これが容認されるべきだとする考え方がなくもない。

　しかし，特段の事情がないにもかかわらず，支給決議を必要以上に遅らせることを税務上容認すれば，これが利益操作の具として使われ，恣意的に役員退職給与の損金算入時期が決定され，課税上の弊害が生ずる。

　また，合理的な理由がないのに退職後相当期間を経ても退職給与の支給決議がないのは，退職給与を支給しないことで解決済との見方もでてくる。

　こうなると，退職後いつまでに株主総会の決議が行われれば税務上容認されるかが問題となるが，課税庁の解説書では次のように述べている。

　「もし，税務上これを認めると，利益調整を目的として役員退職給与の損金算入時期を恣意的に決定されるおそれがあり，課税上の弊害が生ずることとなります。

　それでは，いつまでに株主総会の支給決議を行えば税務上退職給与を支給したものとして取り扱われるかについては，相続税法では相続財産とみなされる退職手当金について『被相続人の死亡後３年以内に支給が確定したもの』（相法３①二）まで該当する旨規定しているので，法人税法上も一応の目安となろうかと考えます。」（『法人税実例集成』東京国税局調査審理課，同課長監修308頁，税務研究会刊）

　この回答は，次のような相続税法第３条第１項第２号の規定を援用したものであるが，絶対的基準ではなく，一応の目安としたものに過ぎない。

> **（相続又は遺贈により取得したものとみなす場合）**
> **第3条** 省　略
> 　一　省　略
> 　二　被相続人の死亡により相続人その他の者が当該被相続人に支給されるべきであった退職手当金，功労金その他これらに準ずる給与（政令で定める給付を含む。）で被相続人の死亡後3年以内に支給が確定したものの支給を受けた場合においては，当該給与の支給を受けた者について，当該給与
> 　　　　……（以下省略）……

　むしろ，支給決議の遅延が「利益操作の具とされていないか」「課税上弊害がないか」とともに，決議遅延が税負担を有利に導くこと以外に合理的理由がないのか否かといった観点から検討するべき事柄なのであろう。

②　分掌変更の場合

　平成24年3月27日の裁決では，まず課税庁は次のように主張している。

　㋑　法人税基本通達9－2－32では，本件通達が適用されるのは，その趣旨及び弊害防止の必要性から，原則として，債務の確定だけではなく，実際に金銭等の支給があった場合に限られるところ，資金繰り等の理由による一時的な未払金等への計上までも本件通達の適用が排除されるものではないが，未払いの期間が長期にわたったり，長期間の分割払いとなっていたりするような場合には適用されない。

　㋺　X＋1期に支払った1億2,500万円は退職給与とされないし，法第34条第1項第1号から第3号（定期同額給与，事前確定届出給与，利益連動給与）に該当しないから損金不算入となる。

　つまり，代表取締役から非常勤取締役となった次の事業年度に支払った1億2,500万円は，退職給与とならないと一般の役員給与となり，法人税法第34条第1項の第1号から第3号にならなければ，原則損金不算入の規定の適用を受けるというのである。

　現行法の第34条は，第1項の第1号～第3号以外については原則損金不算入となるから，退職給与とはならなければ，そのまま損金不算入となるのである。

　（注）　第1号～第3号は「定期同額給与」「事前確定届出給与」「利益連動給与」である。

(5) 否認の根拠

国税不服審判所の損金算入を否認する構造は次のようになっている。

> 法人税基本通達9－2－32（分掌変更の場合の役員退職給与）は未払の場合は認められず，合理的な理由がある場合にだけ認められるものである。

⇩

> 事例は翌期に支給したり，未払であるものなど合理的な理由にならない。

⇩

> このような場合は退職給与とはならない。

（留意点）

ここでは損金不算入としているのではなく，退職給与として取扱うことはできないとしているのである。

その理由は，次のような法人税法第34条の規定にある。

> **（役員給与の損金不算入）**
> **第三十四条** 内国法人がその役員に対して支給する給与（退職給与及び第五十四条第一項（新株予約権を対価とする費用の帰属事業年度の特例等）に規定する新株予約権によるもの並びにこれら以外のもので使用人としての職務を有する役員に対して支給する当該職務に対するもの並びに第三項の規定の適用があるものを除く。以下この項において同じ。）のうち次に掲げる給与のいずれにも該当しないものの額は，その内国法人の各事業年度の所得の金額の計算上，損金の額に算入しない。
> 一 その支給時期が一月以下の一定の期間ごとである給与（次号において「定期給与」という。）で当該事業年度の各支給時期における支給額が同額であるものその他これに準ずるものとして政令で定める給与（次号において「定期同額給与」という。）

二　その役員の職務につき所定の時期に確定額を支給する旨の定めに基づいて支給する給与（定期同額給与及び利益連動給与（利益に関する指標を基礎として算定される給与をいう。次号において同じ。）を除くものとし，定期給与を支給しない役員に対して支給する給与（同族会社に該当しない内国法人が支給するものに限る。）以外の給与にあっては政令で定めるところにより納税地の所轄税務署長にその定めの内容に関する届出をしている場合における当該給与に限る。）

三　同族会社に該当しない内国法人がその業務執行役員（業務を執行する役員として政令で定めるものをいう。以下この号において同じ。）に対して支給する利益連動給与で次に掲げる要件を満たすもの（他の業務執行役員のすべてに対して次に掲げる要件を満たす利益連動給与を支給する場合に限る。）

　イ　その算定方法が，当該事業年度の利益に関する指標（金融商品取引法第二十四条第一項（有価証券報告書の提出）に規定する有価証券報告書（⑶において「有価証券報告書」という。）に記載されるものに限る。）を基礎とした客観的なもの（次に掲げる要件を満たすものに限る。）であること。
　　⑴　確定額を限度としているものであり，かつ，他の業務執行役員に対して支給する利益連動給与に係る算定方法と同様のものであること。
　　⑵　政令で定める日までに，報酬委員会（会社法第四百四条第三項（委員会の権限等）の報酬委員会をいい，当該内国法人の業務執行役員又は当該業務執行役員と政令で定める特殊の関係のある者がその委員になっているものを除く。）が決定をしていることその他これに準ずる適正な手続として政令で定める手続を経ていること。
　　⑶　その内容が，⑵の決定又は手続の終了の日以後遅滞なく，有価証券報告書に記載されていることその他財務省令で定める方法により開示されていること。
　ロ　その他政令で定める要件

2　内国法人がその役員に対して支給する給与（前項又は次項の規定の適

用があるものを除く。）の額のうち不相当に高額な部分の金額として政令で定める金額は，その内国法人の各事業年度の所得の金額の計算上，損金の額に算入しない。
3　内国法人が，事実を隠ぺいし，又は仮装して経理をすることによりその役員に対して支給する給与の額は，その内国法人の各事業年度の所得の金額の計算上，損金の額に算入しない。
4　前三項に規定する給与には，債務の免除による利益その他の経済的な利益を含むものとする。
5　第一項に規定する使用人としての職務を有する役員とは，役員（社長，理事長その他政令で定めるものを除く。）のうち，部長，課長その他法人の使用人としての職制上の地位を有し，かつ，常時使用人としての職務に従事するものをいう。
6　前二項に定めるもののほか，第一項から第三項までの規定の適用に関し必要な事項は，政令で定める。

つまり，法人税法第34条で損金不算入としているのは，次の３つの場合だけである。
　①　支給した給与が次の㋑〜㋩以外であること（第１項）
　　㋑　定期同額給与
　　㋺　事前確定届出給与
　　㋩　利益連動給与
　②　不相当高額な給与（第２項）
　③　事実を隠ぺいし又は仮装したもの（第３項）
　したがって，課税庁及び国税不服審判所の裁決（平成24年３月27日）では，次期支払及び未払は法人税基本通達９－２－32を適用できないとしており，退職給与として取り扱われないとしただけで損金不算入の決め手となったのは，法人税法第34条第１項である。
　次期に支払った125,000,000円は退職給与とされないし，法人税法第34条第１項第１号から第３号（定期同額給与，事前確定届出給与，利益連動給与）に該当しないから損金不算入となるというのである。未払分も同じである。
　しかし，定期同額給与等は，もともと退職給与等を想定したものでなく，通

常の給与を前提として定められているから，退職給与として否認されたものがこれに該当するわけはないのである。

これでは，法人税法第34条の役員給与の原則損金不算入の規定はとんだ所で罪を作ったことになる。

(6) 法人税法第34条の欠陥

法人税法第34条第1項では第1号から第3号まで以外は損金不算入としている。このような定めをすると財務省の定めた第1号～第3号以外の方法で支給すると損金不算入となってしまい，別段の定めのあり方に反した効果が生じてしまう。これを私は「原則損金不算入の規定」として批判しているが，これに反した説明や批判が次のように行われている。

① 財務省の考え方

財務省の小原昇氏（企画官……当時），佐々木浩氏（課長補佐……当時）の両氏が租税研究会で行った講演では，次のように述べられている。

「法律の条文の見出しが，『役員給与の損金不算入』となったことから，法人税法上は役員給与が原則損金不算入となったのではないかと指摘する向きもありますが，法人税法の構造として第22条の別段の定めを規定しようとする場合には，このような見出しや構成内容とならざるを得ないものであって，そもそも役員給与を原則損金不算入と考えているといったことではない。」（小原昇・佐々木浩「平成19年度の法人税関係（含む政省令事項）の改正について」『租税研究』租税研究協会，平成19年7月，23頁）。

② 週刊税務通信

「役員給与の損金算入規定」について『週刊税務通信』（税務研究会，No.2984，平成19年9月17日，62頁）では，①から③のように述べており，財務省及び日税連調査研究部の見解も同じである。

　イ 「法人税法上，役員給与は原則が損金不算入とされたわけではないということを改めて確認しておきたい。」（『週刊税務通信』No.2984）
　ロ 法人税法第34条の見出しが役員給与損金不算入としていることについて「このような規定振りは，法人税法第22条の別段の定めを規定するための立法技術上の要請からくるものであり，役員給与は，その本質が損金不算入であると定めたものではないということだ。」（『週刊税務通信』

No.2984)

㈥　「現行の会計処理は，役員報酬，賞与はすべて費用に落ちることになるので，法人税法上，別段の定めがなければ全額損金算入ということになってしまう。そこで，法人税法上，一定のものについては，損金不算入とする場合は，その範囲や，損金不算入とする扱いを別段の定めによって規定することになるわけだ。

　したがって，役員給与の一部損金不算入が別段の定めで規定されたからといって原則，損金不算入だということではない。」（『週刊税務通信』No.2984)

③　速報税理

『速報税理』（杉田宗久「定期同額給与の疑問に答えるQ&A」『速報税理』（2007年10月21日，32頁・33頁）では，日税連調査研究部長（当時）杉田宗久氏が次のように述べている。

「平成18年改正では，会社法改正に合わせて役員給与の取扱いが変更された。法人税法34条の見出しが『役員給与の損金不算入』とされているので，役員給与は原則損金不算入となったと誤解されている向きが多い。

会社法では，役員に対する報酬，賞与は職務執行の対価であると規定した。また会計基準では，役員賞与は費用処理するとした。一方，法人税法22条では，『一般に公正妥当な会計処理の基準に従う』としている。これらから，役員報酬だけではなく役員賞与までもが，費用（＝損金）処理されることになったわけだ。しかし，これでは実質的な利益の払出しまでも損金とされることになる。そこで，別段の定めを設けて，役員報酬・賞与のうち損金算入されないものの範囲が定められた。すなわち，役員給与は原則損金算入であり，別段の定めで損金不算入の範囲を規定しているのである。

例えば，法人税法23条は受取配当等の益金不算入とされているが，これは受取配当を原則益金不算入としているのではなく，原則益金となることを前提として益金不算入とされる範囲を規定したものである。役員給与の損金不算入も同様の規定の仕方をしている。その条文だけを読むのではなく，税法全体を理解するように努めたいものだ。」（『速報税理』2007年10月21日）。

④　税理士界

日本税理士連合会の発行する『税理士界』の論壇では，近畿会の近藤雅人氏

は次のような論文を発表している（近藤雅人「役員給与の損金不算入規定に関する考察」『税理士界』日本税理士連合会1238号，平成19年11月15日，13面）。

ここでは，まず，「我々税理士の中にはこの改正を受け，『法人税法上役員給与は原則損金算入から原則損金不算入に変更された』あるいは『役員給与の範囲がこれまでより狭まれた』と理解される方がおられるようである。」（『税理士界』1238号）とした上で「これらの主張が①法律解釈として原則損金不算入を意味するものか，あるいは，②実務的に役員給与の範囲が狭められたことを意味するものかは，判然としない。さらに，これらを主張する実践的な意味も不明である。」（『税理士界』1238号）としている。

また，「また，今回の改正は，従来のいわゆる役員賞与にあっても，要件を満たす場合には損金算入を認めるなどその範囲を拡大したものであるともいえる。したがって，『原則損金不算入』の主張が実務的に役員給与の範囲が狭められたことを意味するものであるならば，その主張には説得力がないように思われる。」（『税理士界』1238号）としている。

法第22条との関係については，「役員給与も例外ではない。法第22条第3項第2号を根拠として，原則として損金に算入される。その上で別段の定めである法第34条において，損金算入される役員給与のうち，例外として損金不算入とされる範囲が定められているのである。したがって『原則損金不算入』という主張が法律解釈であるならば，「これも適切ではない。」（『税理士界』1238号）という。

しかし，損金不算入とするものを例外として規定しているのではなく，損金算入分を条件付で損金算入としているのである。

法律条文の見出しが「役員給与の損金不算入」となっていることについては，「法人税法上の構造として第22条の別段の定めを規定しようとする場合には，このような見出しや構造内容とならざるを得ないものであって，そもそも役員給与を全額損金不算入と考えているといったことではないということをご理解いただきたいと思います。」（『税理士界』1238号）として財務省の見解をそのまま受け入れている。

⑤ **重点要望事項**

法人税法第34条のように第1号～第3号以外は損金不算入とすると，財務省の想定していない形で役員給与を支給したり改定したりすると損金不算入と

なってしまう。

　役員給与は役員の法人に対する役務提供の対価であるから原則はあくまで損金の額に算入されるべきで，一定のものを別段の定めとして損金不算入とする立法は認められよう。

　しかし，役務の提供の対価である役員給与を原則損金不算入とし，損金の額に算入されるものにだけ規定するというのは租税法の立法として認められるものではない。

　ところで，平成23年11月9日の第16回税制調査会に日税連が提出した平成24年度税制改正に関する重点要望事項では次のように書かれている（傍点著者）。

> 　平成18年5月に施行された会社法は，利用者に視点に立った規律の見直し，会社経営の機動性・柔軟性の向上，会社経営の健全性の確保等を理念として，会社に関する各種制度の見直しが行われたものである（法務省民事局）。そして，役員報酬及び賞与は役員給与として包括的に規定され，会計上も職務執行の対価として費用性を認めている。これに対して，法人税法では恣意性と利益調整を排除する観点から，役員給与を原則損金不算入とし，損金額に算入される役員給与を①定期同額給与②事前確定届出給与③利益連動給与に限定している。会社法と法人税法の理念や目的が必ずしも一致するものではないが，両者の規定ぶりには相当の乖離があり，国内企業がより発展するためにも，役員給与のあり方は今本的に見直されるべきである。
>
> 　役員給与については原則として損金の額に算入されるものとし，損金の額に算入されないものを包括的又は限定的に法令に規定すべきである。

　改めて考えてみると，この要望は私がはじめから指摘していることで正論といえよう。

(7) 法解釈の考え方

　この事件を解釈するに当たって重視すべき考え方が2つある。1つは租税法律主義のなかの課税要件法定主義を重視するものであり，他は課税庁や多くの実務家が陥っている考え方で，法人税基本通達9－2－28及び法人税基本通達

9－2－32を基礎とするものである。

　通達を中心とする誤った考え方は，費用の損金算入時期から損金性を判断するものであり，次のような論理による。
　① 　法人税基本通達9－2－28は退職給与の損金算入時期を定めたものでⒶ株主総会の決議のとき，Ⓑ支給日と区分されている。このうちⒷについては退職時から3年以内とされているが，これは法律にも通達にも定められておらず，課税庁の実際の取扱いに過ぎない。
　② 　法人税基本通達9－2－32は実際には退職していないが，常勤から非常勤に，取締役から監査役に，給与の50％以上の減額の場合に退職したと同様の事情にあるものとして退職給与の支給を認めるが未払の場合のこの適用はない。
　③ 　②において未払は認めないとしているが，これ以外は「資産繰り等の理由による一時的な未払」でなければ認めない。
　このため平成24年3月27日裁決の事例では次期支払分と未払分の損金算入を否認しているのである。

　ここで注意したいのは，通達によって否認されたのは「退職給与として扱う」という取扱いであり，「損金不算入」とするものではない。

　課税要件である「損金不算入」は通達ではなく，法人税法第34条の適用がなければならない。法人税法第34条で損金不算入としているのは，あくまで①3つの給与（定期同額給与，事前確定届出給与，利益連動給与）以外の給与，②不相当高額給与（法34②），③事実隠ぺい・仮装給与（法34③）に限られる。

　つまり，退職給与を損金不算入とするには上記の①～③に限られるので，通達による損金不算入という解釈はできないのである。

　この他に退職給与について損金不算入とされるのは法人税法第34条第2項で不相当高額とされる場合だけで，退職給与が不相当高額とは法人税法施行令第70条第1項2号に該当する。

事例解説

II 事例でみる役員給与

1 事例の内容

　税務調査において役員給与の損金算入が否定され，国税不服審判所の裁決で全部取り消しとなって，更正処分が取り消される例が少なくないが，そのほとんどが不開示となっている。これらのうち，TAINSで情報公開法により公開された事例を中心にその内容を取り上げてみた。

事例

2 役員の辞任を巡る事実認定

（事　例）

　A社はP商品の販売業を営む同族会社である。A社の代表者であった甲（前代表取締役）は他の取締役との経営方針の対立から取締役を辞任し，経営の第一線から引退を余儀なくされた。

　しかし，課税庁は甲が取締役辞任後も他の従業員給与をはるかに超える給与を受けており，取締役会にも出席している旨の議事録の表記からA社を退職していないと判断し，甲が受給した退職金は役員退職給与ではなく役員賞与であることから損金不算入であるとして更正した。

　納税者Aはどのように対処すべきか。

　（注）　この事案は国税不服審判所に審査請求されたが，裁決は非公開である（平成18年11月28日裁決）。本稿は情報公開法第9条第1項による開示情報を基礎にして執筆する。

（問題点）

　代表取締役が他の役員と対立してその職を更迭されることは同族会社等であ

り得るが，その場合に会計事務所職員の作成した議事録で取締役辞任後も取締役会に出席したと判断され，給与も辞任前の半額程度が給付された。

この場合，事実と異なる「取締役会への出席」だけをとらえて「みなし役員」と認定したり，給与の額から経営関与を判断するのは安易である。

(検 討)

(1) 退職の事実

課税庁は，「甲は取締役辞任後も引き続きA社の取締役として経営に参画し，また，会長としての地位にもあるから，みなし役員に該当し，同人は，A社の役員を実質的に退職したということはできない。

したがって，支給した退職給与は，所得税法第30条《退職所得》に規定する退職手当等には当たらず，旧法人税法第35条《役員賞与等の損金不算入》第4項に規定する役員賞与に該当するから，損金の額に算入することができない」と主張した。

しかし納税者は，「甲は退職後はA社の経営に従事していないから，みなし役員には該当せず，甲はA社の役員を形式的にも実質的にも退職している。

したがって，本件支給金は，所得税法第30条に規定する退職手当等に当たる」と反論した。

実は，甲の辞任には，①他の取締役との間の経営方針の対立，②長期化した経営体制の刷新，③後任者への配慮，④スムースな世代交代への準備などの経緯や理由があるから，辞任後において経営に従事することを予定されておらず，取締役としての権限も与えられていなかったのである。

課税庁の主張する甲の取締役会出席は，議事録の記載を根基にしているが，その議事録もA社の税務代理をする会計事務所（以下「会計事務所」という。）の職員が形式的に作成したものであり，その記載内容に事実と異なる表記があり，甲はむしろA社を退任させられたのであるから，経営の重要な意思決定に関する審議に参画したとするのは誤りであると主張した。

課税庁も甲の退任のいきさつからすればこの事実認定の誤りに気づくはずである。

(2) 審判所の判断
① みなし役員

　審判所の裁決では,「みなし役員とは,相談役,顧問その他これらに類する者でその法人内における地位,その行う職務等からみて他の役員と同様に実質的に法人の経営に従事しているものをいい,さらに,法人の経営に従事するとは,法人の主要な業務執行の意思決定に参画していることをいうものと解するのが相当である。」としているが,現行法人税基本通達9－2－1では,「令第7条第1号《役員の範囲》に規定する『使用人以外の者でその法人の経営に従事しているもの』には,相談役,顧問その他これらに類する者でその法人内における地位,その行う職務等からみて他の役員と同様に実質的に法人の経営に従事していると認められるものが含まれることに留意する。」とされているからこのように解したものであろう。

　しかし,これは通達の規定にすぎず,「みなし役員」とするのは解釈の限界からみてどうであろうか。

② 辞任のいきさつからの事実認定

　裁決では,「本件辞任は,甲と他の取締役との間の経営方針等の対立に端を発し,本件合意を経て,長期化したA社の経営体制を刷新するために,甲をAの経営から引退させることを目的として行われたものであり,A社内において甲が更迭されたものと認められる。」とした辞任のいきさつからみなし役員となるか否かを判断している。

　また,甲が辞任後のA社経営に関与しているか否かについては,甲は辞任後において,「①役職の新設や異動,給与査定など,人事上の決定に関与していないこと,②取引先の選定や新規契約など,営業上の決定に関与していないこと及び③設備等の取得や修繕など,会計上の決定に関与していないことから,経営に関する重要事項の意思決定に参画する機会を与えられていないものと認められる。」とした。

③ 社長辞任後の給与について

　辞任後の給与については,「甲の過去の功績に報いるために与えられた名誉職である会長として,単に名義上存しているにすぎないものと言わざるを得ない。

　したがって,甲は,本件辞任後,A社において実質的権限を有しておらず,その経営に従事していると認めることはできないから,みなし役員に該当せ

ず，法人税法上の役員には当たらない。」とした。

課税庁は甲が「本件辞任後も他の従業員給与をはるかに超える額の給与等の支給を月々受けているから取締役としての地位にある旨主張するが，甲に支給する金額の決定は，同人の行う職務内容等を基礎としてされたものとは認められず，単に代表取締役退任時の役員報酬の額の半額とする旨の合意に基づいてされたにすぎないから，その金額の多寡のみをもって直ちに同人が取締役としての地位にあるものと言うことはできない。」と判定した。

結局，審判所では，原処分の更正金額の全部を取り消したのである。

（結　論）

この事例は審判所の裁決で更正処分が取り消されたが，取締役の辞任の事実をその後の取締役会の議事録というペーパーで判断したり，給与の額を従業員と比較するなどは課税庁が反省すべきであり，役員の辞任のいきさつ等も十分配慮すべきであっただろう。

コメント

（コメントNOW）　A社は役員であった甲に退職金を支払ったが，課税庁は退職という事実を否認したから，その金員は役員賞与であるとして損金算入を否認した。

その根拠として，甲が退職後も取締役会に出席していることを指摘している。しかし，取締役会議事録は会計事務所の職員が形式的に作成したもので事実と異なっていた。また，出席していたのが事実であったとしても甲の取締役退任の理由が経営方針の対立からであるから取締役という立場からの出席ではない。

また，甲の取締役退任を否定する理由に「給与が他の使用人給与をはるかに超えている」ことを挙げているが，甲の代表取締役退任後は，退任前の半額となっていた。

このように課税庁の更正は，議事録というペーパーで判断したり，給与を従業員と比較するなど形式的に行われているので，裁決で更正が全部取り消されたのは当然である。

事例

3 改訂された「役員給与に関するQ&A」の意味

（事例）

　A株式会社は円高の影響を受け輸出部門に打撃を受けている。また，EU諸国の経済不振，為替状況からみて，売上が激減することが予測される。前半期が好況であったため，現在までの業績は赤字とならないが，後半期を通してみると売上激減，損益の赤字は避けられないと見込まれている。

　そこで，役員給与の減額を含む経営改善計画を策定し，今月から役員給与を減額する旨の取締役会決議をした。

　このような処理が税務上認められるであろうか。

（問題点）

　定期同額給与として損金の額に算入される業績悪化改定事由とは，「経営の状況が著しく悪化したことその他これに類する理由」をいう。

　この業績悪化改定事由は，経営状況が著しく悪化したことなどやむを得ず役員給与を減額せざるを得ない事情があることをいい，通常は売上や計上利益などの会社経営上の数値的指標が既に悪化している場合が多いものと思われるが，事例の場合のように，現状ではこれらの指標が悪化しているとまではいえない場合にも業績悪化改定事由に当たるのかどうか疑問が生ずる。

（検　討）

　「役員給与に関するQ&A」は平成20年12月に国税庁から発表されたが，平成24年4月にその一部（Q1～2）が改訂された。

　その場合のQでは，「年度中途で役員給与を減額した場合にその損金算入が認められるためには，その改定が『経営の状況が著しく悪化したことその他これに類する理由』（業績悪化改定理由）によることが必要とのことですが，当社のように，現状ではまだ売上が減少しておらず，数値的指標が悪化している

とまでは言えない場合には，業績悪化改定事由による改定に該当しないのでしょうか。」としているものについて国税庁のAでは，「貴社の場合，ご質問の改定は，現状では売上などの数値的指標が悪化しているとまでは言えませんが，役員給与の減額などの経営改善策を講じなければ，客観的な状況から今後著しく悪化することが不可避と認められますので，業績悪化改定事由による改定に該当するものと考えられます。」と答えている。

　Q&Aにおいてこのような改定をしなければならなかったのは，税務の第一線で「経営悪化は決算など確定的な数値で示されなければ認めない」とか，「少々の売上減少では著しい悪化とはいえない」といった不適切な税務執行が行われていたためである。

　その理由として，次のような基本通達を硬直的に考えていることも挙げられる。

> **（経営の状況の著しい悪化に類する理由）**
> 　9－2－13　令第69条第1項第1号ハ《定期同額給与の範囲等》に規定する「経営の状況が著しく悪化したことその他これに類する理由」とは，経営状況が著しく悪化したことなどやむを得ず役員給与を減額せざるを得ない事情があることをいうのであるから，法人の一時的な資金繰りの都合や単に業績目標値に達しなかったことなどはこれに含まれないことに留意する。

　また，国税庁のQ&Aで，「例えば，経営の状況が悪化したものの『著しい悪化』までは至らないケースについても，原則として，その事業年度における定期給与の支給額の全額が，定期同額給与に該当しないこととなります。」としていた。

　さらに，現実の裁決事例のなかで国税不服審判所では，「月次損益計算書の経常利益が対前年割合で6％減少したことから，代表取締役の経営責任を示すとの申出に基づいてその給与を減額したこと，給与の減額があったのは代表取締役のみであることが認められる。したがって，経営の状況の著しい悪化や業績悪化が原因でやむを得ず役員給与を減額せざるを得ない事情にあったと認めることはできない」として改定した給与の損金算入を否認した裁決例（平成23

年1月25日）があることも影響している。

　要は「経営の悪化と著しい悪化との違いは」といった不確定概念の平面的な解明をしても意味はないのである。

　給与を減額する理由を「法人の経営状況が著しく悪化したこと」としているが，これは給与減額の典型的理由として例示しているだけで，要は役員給与を減額せざるを得ない事情のうち，経営悪化を例示したものである。

　幸いなことに今次のQ&Aの改定の解説のなかで，「現状では数値的指標が悪化しているとまでは言えないものの，役員給与の減額などの経営改善策を講じなければ，客観的な状況から今後著しく悪化することが不可避と認められる場合には，業績悪化改定事由に該当するものと考えられます。また，今後著しく悪化することが不可避と認められる場合であって，これらの経営改善策を講じたことにより，結果として著しく悪化することを予防的に回避できたときも，業績悪化改定事由に該当するものと考えられます。」としていることは救いである。

　また，同解説のなかで，「例えば，主力製品に瑕疵があることが判明して，今後，多額の損害賠償金やリコール費用の支出が避けられない場合なども業績悪化改定事由に該当するものと考えられます。」としていながら，「（業績悪化は，）あくまでも客観的な状況によって判断することになりますから，客観的な状況がない単なる将来の見込みにより役員給与を減額した場合は業績悪化改定事由による減額改定に当たらないことになります。」として釘をさしている。

（結　論）

　「業績の著しい悪化」は，単に例示として考えるべきで，要は法人の側で役員給与を減額しなければならなくなった状況なのか否かで判断すべきである。

　また，これらの判断は税務当局の通達やQ&Aなどで判断するものではなく，経営上の観点から法人が判断するものであることを忘れてもらっては困る。

　役員給与の減額理由は，例えば，鉄鋼会社が高炉を建設したり，自動車会社が画期的な新型車（ハイブリッド・カー）を開発する場合などは巨額の開発費用が必要になる。このような場合には，企業の業績（経営状況）に関係なく，役員の給与を減額して全社一丸となって経営に当たるのである。役員の給与の減額が経営状況の著しい悪化に限るというのは，経営を知らない者の発想であ

る。

　また，2011年のタイの水害のように自然又は人為的災害があったり，EUのように経済情勢の悪化で為替や金利水準が変動したり，中国のように労働争議により人件費が高騰するなど，法人経営をとりまく環境は多角的であり，かつ，複雑である。これらを「経営状況の著しい悪化」というように単純に考えてよいか否かを考えてみる必要がある。

コメント

　役員の給与を減額することが認められる条件になっている「経営状況が著しく悪化したことその他これに類する理由」は数値的指標が悪化していなくてはならず，それも「著しく悪化」していることで単なる悪化では認めないという執行が行われていた。
　しかし，国税庁の「役員給与に関するQ&A」の改訂版では，「貴社の場合，ご質問の改定は，現状では売上などの数値的指標が悪化しているとまでは言えませんが，役員給与の減額などの経営改善策を講じなければ，客観的な状況から今後著しく悪化することが不可避と認められますので，業績悪化改定事由による改定に該当するものと考えられます。」と回答を変えた。
　もともと税執行の基準を法令によらず，単にQ&Aによっていたことは課税要件法定主義に反する。
　また，経営上の判断は，税務当局ではなく，納税者が行うものである。

事　例

4　役員給与の損金不算入とその理由

(事　例)

A社は3月決算法人だが，6月末の総会において役員の給与を増額することにし，その増額は4月まで遡及し，その増額分は7月に一括支給した場合，損金算入は否認されるか，またその理由を知りたい。

(問題点)

事例については国税庁では，「役員給与は，いずれもその役員の職務執行期間開始前にその職務に対する給与の額が定められているなど支給時期，支給金額について『事前』に定められているものに限られています。したがって，既に終了した職務に対して『事後』に給与の額を増額して支給したものは，損金の額に算入されないこととなります。」(国税庁『役員給与に関するQ&A』(平成18年6月)) と答えている。

本稿では，その理由を追求してみよう。

(検　討)

(1)　平成18年度改正以前の考え方

役員給与の損金算入に関して平成18年度に大きな改正があった。改正前では役員給与を「報酬」と「賞与」に区分し，報酬には損金性を認め，賞与については損益性はないとしていた。

この段階では「役員報酬」とは，法人の役員に対する給与(債務の免除その他の経済的な利益を含む)のうち，賞与及び退職給与以外のものをいうとされていた(旧法34②)。

また，「賞与」とは臨時的な給与のうち，他に定期の給与を受けていない者に対し継続的に毎年所定の時期に定額を支給する旨の定めに基づいて支給されるもの及び退職給与以外のものをいう(旧法35④)としていた。

ここでは，損金とする役員報酬は「定期の給与」，損金不算入となる役員賞

与は「臨時の給与」としていた。つまり，損金性の判断を支給形態によって判断していたのである。

　この当時は，「……役員給与は，会社の業績に応じ，本来株主に帰すべき利益を株主の意思により役員に与えられる謝礼金であるから……」（昭33.12.23東京地裁）と説明されていたが，損金性を定期か臨時かという支給形態で判断することについては，次のような最高裁判決でも説明されていた。

　「役員賞与は，取締役が企業の利益を上げた特別の功労に報いるため，営業年度の利益から分与されるものであるところ，右支払が，業務執行の対価であるか否か，利益処分であるか否かを判断することは容易ではなく，また利益処分とすべきものを安易に報酬化することによって課税を免れることも考えられるため，旧法人税法は，その35条4項の規定から，役員報酬と役員賞与とを専ら『臨時的な給与』であるか否かという給与の支給形態ないし外形を基準として報酬と賞与とに区分していると解される。」（平5.9.28最高裁第三小法廷，原審平3.3.27広島地裁，平4.12.11広島高裁）と述べられている。

　しかし，この判決は，支給形態で損金性を判断する理由としては説得力を欠く。

(2) 平成18年度の改正

　(1)のように損金性の区分について問題があった規定を見直すことなく，平成18年度の改正では次のもの以外を損金不算入とした（法34）。

① 定期同額給与
② 事前確定届出給与
③ 利益連動給与

　このように改正した理由について，財務省では次のように説明していた。

　「（平成18年改正前までは）役員に支給する給与が定期のものか臨時的なものかという支給形態によって損金算入の可否を区別していたが，改正後は，役員給与がその職務執行前にあらかじめ支給時期・支給額が定められていたものに基づくものであるか否かによって損金算入の可否を区分することとされた。」（『税務弘報』2006年6月臨時号小崎純弥稿）

　この場合の職務執行前にあらかじめ支給時期が定められている形態を次の3つに区分している。

① 定期同額給与は，その支給形態から事前の定めに基づいて支給されているものと認められる。
② 事前確定届出給与は，税務署長への届出により事前に定められていることが確認できる。
③ 利益連動給与は，有価証券報告書等への開示により支給額の算定方法が事前に定められていること。

しかし，役員給与を職務執行前にあらかじめ支給時期，支給額が定められているか否かで損金性判断の基準とすることは適当ではない。

役員給与の損金性について，その給与の性格から判断すべきであるが，旧法下では定期か臨時かという支給形態から区分するという前近代的な規定は早急に是正すべきであったが，これをしないで，役務提供の対価である役員給与を原則損金不算入とし，法第34条で損金算入するものだけを限定列挙するのは許されない。

この規定を置くのは，節税をもくろむ悪質な納税者の恣意性排除のためである。

ここでいう「恣意性排除」とは，納税者が役員給与を利用して租税回避をはかる事例があるから，いっそ役員給与を損金不算入とし，一定のもの（定期同額給与，事前確定届出給与，利益連動給与）だけを損金算入とすれば租税回避を防止できるという岡引的な発想で書かれていることを意味しているのかもしれない。

(3) 日税連の要求

「役務の提供の対価である役員給与を原則損金不算入とし，損金の額に算入されるものについてだけ規定するというのは租税法の立法として認められるものではない。」という筆者の主張に反対していた日税連がその態度を反省し，第16回政府税制調査会（民主党政権時代）に次のような重点要望事項を提出した。

> 〈中略〉法人税法では恣意性と利益調整を排除する観点から，役員給与を原則損金不算入とし，損金の額に算入される役員給与を①定期同額給与②事前確定届出給与③利益連動給与に限定している。会社法と法人税法の理

念や目的が必ずしも一致するものではないが，両者の規定ぶりには相当の乖離があり，国内企業がより発展するためにも，役員給与のあり方は根本的に見直されるべきである。
　役員給与については原則として損金の額に算入されるものとし，損金の額に算入されないものを包括的又は限定的に法令に規定すべきである。

これでは私の主張と同じである。日税連が私の考え方を理解するようになったことを喜ぶべきであろうか。

(結　論)

事例の場合は現行法の取扱いは損金不算入としているが，多くの税理士はその理由を納得していない。

コメント

　役員給与の損金不算入規定は，平成17年度までは定期の給与（報酬）は損金算入，臨時の給与（賞与）は損金不算入となっていたが，平成18年度の改正で事前に定められたものが損金算入，事後のものは損金不算入とされた。
　しかし，法人税法第34条では「定期同額給与」「事前確定届出給与」「利益連動給与」だけを損金とし，他は損金不算入とした。つまり，役員給与を原則損金不算入とし，損金の額に算入するものだけを規定することにした。
　つまり，法が規定するもの以外の支給形態をとるものを一切損金不算入としたのである。
　このため，実務では多くの問題が生じており，法律の書き方を変えない限り，その問題点は解決しない。

5　分掌変更と役員退職給与

(事　例)

　A社の代表取締役甲はX事業年度で（X期）で代表取締役を辞任し，非常勤取締役となった（以下「分掌変更」という）。

　（注）　この際甲の取締役報酬は月額87万円から40万円に減額になった。

　A社の取締役会（X期末開催）では，「甲氏の退職慰労金は2億5,000万円とし，X期末に7,500万円，残額は3年以内に支払う」としている。

　また，実際に支払ったのはX事業年度7,500万円，X+1事業年度は1億2,500万円で残額の5,000万円はまだ支払われていない。

　これに対して，原処分庁はX事業年度の7,500万円は甲に対する退職給与として損金の額に算入したがX+1事業年度に支払った1億2,500万円及び未払いの5,000万円は損金不算入として更正した。

　これについてA社及び課税庁の主張は次の通りである。

(A社)

　A社は，役員の分掌変更に伴い退職慰労金を支給することを決定し，資金繰り等の都合から，その一部を当該分掌変更のあった事業年度及びその翌事業年度にそれぞれ支給したものであり，いずれも法人税基本通達9－2－32《役員の分掌変更等の場合の退職給与》及び同通達9－2－28《役員に対する退職給与の損金算入の時期》が適用されるというべきであり，原処分庁が損金不算入と認定した分掌変更の翌事業年度に支給された金員が退職給与として取り扱われるべきである。

(原処分庁)

　A社の主張する基本通達は，恣意的に損金算入する弊害を防止するために設けたものであって，退職給与は原則として，法人が実際に支

> 払ったものに限り適用されるべきであって，当該分掌変更等の時に当該支給がされなかったことが真に合理的な理由によるものである場合に限り，例外的に適用されるというべきである。
>
> 本件のように，退職慰労金の残額については支払時期やその支払額を具体的に定めず漠然と3年以内とされており，請求人の決算の状況を踏まえて支払がされていることがうかがえることからすると，本件金員をその支払日の属する事業年度において損金算入を認めた場合には，請求人による恣意的な損金算入を認める結果となり，課税上の弊害があるといわざるを得ない。

この場合の退職金の損金算入をどのように考えるか。

（注）　本稿は平成24年3月27日の国税不服審判所の裁決を参考にしている。

（問題点）

法人税基本通達9－2－28では，役員退職給与の額は，株式総会の決議等によりその支給すべき退職給与の額が具体的に確定した日の属する事業年度において，損金の額に算入することとされている。としながら，法人が役員に対する退職給与の額につき，これを実際に支払った日の属する事業年度で損金経理することとした場合には，税務上もこれを認めることとされている。

また，分掌変更の場合の退職給与については，次のような取扱いがある（法基通9－2－32）。

すなわち，法人が役員の分掌変更又は改選による再任等に際しその役員に対し退職給与として支給した給与については，その支給が，例えば次に掲げるような事実があったことによるものであるなど，その分掌変更等によりその役員としての地位又は職務の内容が激変し，実質的に退職したと同様の事情にあると認められることによるものである場合には，これを退職給与として取り扱うことができる。

① 　取締役　⟶　監査役の場合
② 　常勤　⟶　非常勤の場合
③ 　給与が50％減少したこと

なお，本通達本文の「退職給与として支給した給与」には，原則として，法人が未払金等に計上した場合のその未払金等の額は含まれない。

(検　討)
　役員の退職給与の損金算入時期については，次のように2つの方法が考えられる。
　①　株主総会の決議により，具体的に支給すべき額が確定した日の属する事業年度
　②　支給額を支給日の属する事業年度（損金経理）
このうち，①が原則であるが，①のみとすると事実上退職給与を支給しても損金の額に算入しないと次のような不都合が生ずる。
　①　支給額について所得税を源泉徴収している。
　②　死亡退職金には相続税が課されている。
このように支給額に所得税や相続税を課しながら株主総会の決議がないという理由で法人税の損金の額に算入しないのは説明に苦しむので，損金算入時期について2つの選択肢を置いたのである。
　ところで，平成24年3月27日の裁決では，まず課税庁は次のように主張している。
　①　法基通9－2－32では，本件通達が適用されるのは，その趣旨及び弊害防止の必要性から，原則として，債務の確定だけではなく，実際に金銭等の支給があった場合に限られるところ，資金繰り等の理由による一時的な未払金等への計上までも本件通達の適用が排除されるものではないが，未払の期間が長期にわたったり，長期間の分割払となっていたりするような場合には適用されない。
　②　X＋1期に支払った1億2,500万円は退職給与とされないし，法第34条第1項第1号から第3号（定期同額給与，事前確定届出給与，利益連動給与）に該当しないから損金不算入となる。
　つまり，代表取締役から非常勤取締役となった次の事業の年度に支払った1億2,500万円は，退職給与とならないと一般の役員給与となり法人税法第34条第1項の第1号から第3号にならなければ，原則損金不算入の規定の適用を受けるというのである。

現行法の第34条は，第1項第1号～第3号以外については原則損金不算入となるから，退職給与とはならなければ，そのまま損金不算入となるのである。
　国税不服審判所の裁決は，以上のような実定法上の問題を承知していたか否かは疑わしい。

（結　論）
　現行法をそのまま取り入れれば裁決例のようになるが，課税庁が想定していない給与（定期同額給与，事前確定届出給与，利益連動給与以外の給与）は原則損金不算入とするという規定が正しいか否かについて検討する必要がある。
　退職時又は分掌変更時と支給時が1年以上となるなどあまりに長期になると，支給額を支給日の属する事業年度の損金とするわけにはいかない。これは，退職給与ではなく，一般の給与だと考えると第1号～第3号までの給与とならないからである。

コメント

① 分掌変更の場合の退職給与

　役員の分掌変更の場合の退職給与については次のような取扱いがある。
　法人が役員の分掌変更又は改選による再任等に際しその役員に対し退職給与として支給した給与については，その支給が，例えば次に掲げるような事実があったことによるものであるなど，その分掌変更等によりその役員としての地位又は職務の内容が激変し，実質的に退職したと同様の事情にあると認められることによるものである場合には，これを退職給与として取り扱うことができる（法基通9－2－32）。

(1) 常勤役員が非常勤役員（常時勤務していないものであっても代表権を有する者及び代表権は有しないが実質的にその法人の経営上主要な地位を占めていると認められる者を除く。）になったこと。

(2) 取締役が監査役（監査役でありながら実質的にその法人の経営上主要な地位を占めていると認められる者及びその法人の株主等で令第71条第1項

第5号《使用人兼務役員とされない役員》に掲げる要件のすべてを満たしている者を除く。）になったこと。
(3) 分掌変更等の後におけるその役員（その分掌変更等の後においてもその法人の経営上主要な地位を占めていると認められる者を除く。）の給与が激減（おおむね50％以上の減少）したこと。
　　（注）　本文の「退職給与として支給した給与」には，原則として，法人が未払金等に計上した場合のその未払金等の額は含まれない。

　通達は分掌変更に際して，「実質的に退職したと同様の事情にあること」について，例えば常勤役員が非常勤役員になったこと，取締役が監査役になったこと，その分掌変更後における報酬が概ね50％以上減少したこと等を例示している。
　通達はあくまで例示で，退職と同様の事情にあったか否かはその分掌変更後における職務の内容，役員としての地位の激変等の事実により実質的に判定するべきものなのである。
　しかし，一般の税実務では，通達に書かれている例示があたかも課税要件のように受け取られている。
　その意味からすれば，このような「例示」は通達に書くものではなく，退職という事実の判定は納税者の法解釈に委ねるべきであったかもしれない。
　実は，平成18年2月10日の京都地裁判決（平成18年10月25日大阪高裁同旨）では，法基通9－2－23（現行法基通9－2－32）に定めた事実に該当するとしても，「退職の事実」はあくまでも実質的に判断すべきだとしている。
　この意味では，通達に書かれた事実に盲目的に従っている税実務に対して警鐘を鳴らした判決であるといえる。
　この判決では，「甲は，代表取締役辞任以後も原告の取締役であり，報酬も減少したものの月額X円を受け取っている上，取引先との対応等の業務に従事しており，乙も，監査役として法的責任を負う立場にあって，減少したものの報酬を受領しているのであるから，両名が原告を退職したということはできない。本件通達も，形式的に本件通達(1)から(3)までのいずれかに当たる事実がありさえすれば，当然に退職給与と認めるべきという趣旨とは解されない。」としている。
　また，事例では当期中に保険金1億円を収受しているため法人税額の増額を

避けるため，甲，乙を退職させたものと受け取られることも考慮すべきかもしれない。

法基通9－2－23（現行法基通9－2－32）の(1)，(2)，(3)は実質的な退職を判定するための通達上の要件を示しているものに過ぎず，退職の事実はあくまでも実質的に判定すべきである。

また，同通達の(1)から(3)は通達が示した例示に過ぎず，役員としての地位の激変は実質的に判定すべきで，通達に頼って税務の解釈をすることは危険である。

通達を適用する場合は，適用上の背景を無視してはならない。

税理士が租税法を自ら解釈することなく，通達やQ&Aに頼り，これを課税要件のように受け取っていると，税法自体の耐用年数が経過し，賞味期限をすぎてしまう。

2 役員の分掌変更に伴う増額改定

国税庁Q&Aでは役員の分掌変更に伴う役員給与の増額改定について，次のような問いを出している。

> **(問)** 当社（年1回3月決算）では，代表取締役Aが急逝したことから，急遽，平成18年10月1日に臨時株主総会を開催し，取締役Bを代表取締役に選任するとともに，Bの役員給与を月額50万円から前任者Aと同額の月額100万円に増額改定する旨の決議を行いました。この場合，当社がBに支給する役員給与は定期同額給与に該当しないこととなるのでしょうか。

問題になるのは，役員の給与の増額改定が行われたときは，その改定が会計期間3月経過日まで行われた場合を除いて定期同額給与に該当しないとし，損金の額に算入しないことになってしまう（法34①一，令69①）。

法令でこのように実態を無視した規定を置いたのは，次のような租税回避を防止するためである。

① 役員給与の支給額を定める時期が，一般的に定時株主総会のときであること

② 事業年度終了の日間近の改定を許容すると，利益の払出しの性格を有する増額改定を認める余地が生じること

ここでは，増額改定は会計期間の3月経過日までという画一的規定が問題となるのである。

確かに，事例は，定期給与の額の改定が会計期間3月経過日までに行われたものではないことから，定期同額給与に該当しないのではないかという考え方もある。

これは，法改正に際して，様々な企業の実情を配慮しなかったため，実務との乖離が生じてしまったのである。

しかし，事例は，代表者の急逝というやむを得ない事情による臨時の分掌変更であり，この分掌変更に伴いBは新たに代表取締役としての職務を執行することとなるのである。

このような場合についてまで「3ヶ月基準」を適用することは企業の実態を無視したものと批判されよう。

そこで，やむを得ない事情により，役員としての職務内容，地位が激変し，実質的に新たに役員に就任したのと同様の状況にあると認められる場合には，その新たな役員就任に伴う増額改定が会計期間3月経過日後に行われたものであっても，定期同額給与として取り扱って差し支えないという考え方を国税庁は示している。

事例の場合は，増額改定前の定期給与と増額改定後の定期給与とのそれぞれが，定期同額給与として取り扱われることになる。

できれば，このような弾力的な取扱いができるように財務省が法改正時に手当てしてほしかった。

問題は「3ヶ月基準」の適用に関して例外としている「やむを得ない事情」という不確定概念が明らかになっていないことで，代表取締役の死亡，病気や事故による職務遂行不能，経営体制の見直しによる人事の刷新などがやむを得ない事情に含まれるか否かは単に課税庁に解釈が委ねられているわけではないのでこの点を官と民の意見によって明らかにすべきであろう。

(注) 平成19年度税制改正により，定期同額給与について，職制上の地位の変更等により改定がされた定期給与についても定期同額給与として取り扱うことが明確化された。

「分掌変更と役員退職給与」は，代表取締役を辞任し，非常勤取締役となっ

た甲の退職給与等の検討である。

甲は分掌変更に伴い取締役報酬は870,000円（日額）から400,000円となった。退職金は取締役会で250,000,000円としたが3年以内に支払うとした。

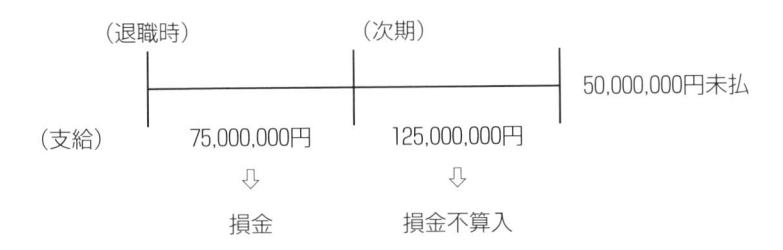

```
           （退職時）        （次期）
            |               |               | 50,000,000円未払
            |               |               |
（支給）   75,000,000円    125,000,000円
              ⇩              ⇩
             損金         損金不算入
```

課税庁は次期に支給した分と未払分を損金不算入としたが、審判所の裁決では次のように述べている。

「本件第二金員は資金繰り等の理由による一時的な未払であるとはいえないことから退職給与とは認められず、法人税法第34条に規定する定期同額給与等以外の給与に当たる旨が記載されており、退職給与に関する法令や通達の記載はないものの、いかなる事実に対する法的評価であるかを明確に判別することができる程度に理由が表示されていると認めることができるから、本件更正通知書に付記された理由に違法となる不備があるとはいえない。」

つまり未払分や1年後支払分は一時的未払ではないから退職給与といえない──その他の給与だから法第34条の3要件（定期同額給与等）ではなく、賞与の性格であるとしている。

こうなると、定期同額給与等の3要件に入らない給与は損金不算入であるというのである。

これは私達が恐れている法第34条は原則損金不算入を示したことになってしまう。

事　例

6　役員退職給与の損金不算入規定が適用された事例

（事　例）

　A社の代表取締役であった甲氏は法人税基本通達に定める3つの要件（常勤→非常勤，取締役→監査役，役員給与の半減）に該当するとして退職給与を支給した。

　ここで問題になったのは次の2点であり，原処分庁は次の2点を問題にして更正した。

　①　本件金員に不相当に高額な部分の金額があるか否か。

　②　本件役員給与に不相当に高額な部分の金額があるか否か。

　これに対して納税者は国税不服審判所に審査請求をしたが棄却された（平成24年12月18日裁決，沖裁（法）平24第5号）。

　この裁決をどのように考えるか。

（問題点）

　この裁決と似た事例（平成24年3月27日裁決）では支給した金額について支給遅延があるから「退職給与に該当しない」とし，法人税法第34条第1項の3要件（定期同額給与，事前確定届出給与（以下「定期同額給与等」という。），利益連動給与）に該当しないことを理由に損金不算入としたが，本件の場合は同条第2項の「不相当高額」を理由としているが，これは何故であろうか。

（検　討）

(1)　退職給与か否か

　役員の分掌変更の場合の退職給与については次のような取扱いがある。

　法人が役員の分掌変更又は改選による再任等に際しその役員に対し退職給与として支給した給与については，その支給が，例えば次に掲げるような事実があったことによるものであるなど，その分掌変更等によりその役員としての地位又は職務の内容が激変し，実質的に退職したと同様の事情にあると認められ

ることによるものである場合には，これを退職給与として取り扱うことができる（法基通9－2－32）。
① 常勤役員が非常勤役員になったこと。
② 取締役が監査役になったこと。
③ 分掌変更等の後におけるその役員の給与が激減（おおむね50%以上の減少）したこと。
（注） 本文の「退職給与として支給した給与」には，原則として，法人が未払金等に計上した場合のその未払金等の額は含まれない。

しかし，ここで重要なことは「実質的に退職したと同様の事情にあると認められること」であり，①～③は単なる例示に過ぎない。しかし，一般の実務は①～③の要件に盲目的に従っているようである。

実は，平成18年2月10日の京都地裁判決（平成18年10月25日大阪高裁同旨）では，法人税基本通達9－2－32に定めた事実に該当するとしても，「退職の事実」はあくまでも実質的に判断すべきだとしている。

現に，京都地裁判決，大阪高裁判決（平成18年10月25日）の後，国税庁審理室は次のような情報を発信した。

【情　報】
　本件通達は，実質的に退職したと同様の事情にある場合の例示として三つの基準を挙げているが，これらの基準を形式的に満たしても，他の事情から実質的に退職したと同様の事情にあるとはいえない場合にまで，退職給与として取り扱う趣旨ではない。したがって，役員の分掌変更等により退職金が支払われた場合には，本件通達を形式的に適用するのではなく，当該役員の勤務状況，法人の経営への関与の状況等から，実質的に退職したと同様の事情にあるか否かを検討する必要がある。

本稿の事案では，納税者も課税庁も退職したと同様の事情にあると認めているが，国税不服審判所では，これらはいずれも理由がないとしている。つまり，実質的に退職したと同様の事情にあるとは認められないとしているのである。

こうなると支給した金員は退職給与に該当しないから法第34条第1項の要件（定期同額給与等）に該当しないので損金の額に算入されない。したがって本

件の金員が役員給与に該当するか否かを判断するまでもないのである。現に，平成24年3月27日裁決では，この論理だけで損金不算入としている。

(2) 不相当高額の判定

法人税法第34条第2項の不相当高額分の損金不算入にも適用されるが，退職給与の場合は「不相当高額」とは次により判定する（令70二）。

> 二 内国法人が各事業年度においてその退職した役員に対して支給した退職給与の額が，当該役員のその内国法人の業務に従事した期間，その退職の事情，その内国法人と同種の事業を営む法人でその事業規模が類似するものの役員に対する退職給与の支給の状況等に照らし，その退職した役員に対する退職給与として相当であると認められる金額を超える場合におけるその超える部分の金額

ところで，国税不服審判所や裁判所において具体的に適用したおもな適正額判定の手法を分類してみると，次のようになる。

① 功績倍率の最高率によって算定した例
② 功績倍率の平均率によって算定した例
③ 国家公務員退職手当法に基づいて算定した例
④ 一年当たりの退職給与額と3年間の公表利益との関係を示す回帰方程式の二標準偏差値の範囲で判定した例
⑤ 類似法人の1年当たりの退職給与の平均額から算定した例

これらのうち，最も適用例が多いのは，①又は②の功績倍率法で，次のような方法によって適正退職給与の額を算定するものである。

$$功績倍率 = \frac{退職金の額}{最終報酬月額 \times 勤続年数}$$

役員退職給与金の適正額
$$= 最終報酬月額 \times 勤続年数 \times 比準法人の功績倍率$$

なお，功績倍率法は最高額を適用する方法と平均額を適用する方法があるが，事例では次の理由で平均額法によっている。

同業種で売上金額が倍半基準内にある同業類似法人の代表取締役及び取締役に対して支給した役員給与の最高額を適正給与額とすることは，当該役員給与を支給した法人の特殊事情が反映されるから相当とはいえず，また，同業類似法人の中に，たまたま不相当に高額な部分の金額が含まれた役員給与を支給しているものがあったときは明らかに不合理な結論となることから，代表取締役及び取締役に対して支給した役員給与の最高額の平均額をもって適正給与額とすることが，合理的かつ客観的であると言うべきである。

（結　論）

法人税基本通達9－2－32の適用を否認して退職給与でないとした場合は，それだけで法人税法第34条第1項の定期同額給与等に該当しないとして損金不算入とする事例が増加しているが，これが適正か否かの論議が必要である。

コメント

役員退職給与について，法人税基本通達9－2－32に該当せず，退職給与とならないと判断されれば法人税法第34条第1項の定期同額給与等にならず損金不算入とする処理が考えられる（平成24年3月27日裁決）。

しかし，本件では法人税法第34条第2項の不相当高額として損金不算入規定を適用した。

いずれにしても法人税基本通達9－2－32の適用は，退職給与とするか否かの判定に用いられ，損金不算入とするためには法人税法第34条を適用するほかはない。

① 退職給与となるか否かの判断→法人税基本通達9－2－32
② 損金不算入とするか否かの判断→法人税法第34条

という適用を正しく理解してほしい。

事 例

7 「退職」という事実の判定

(事 例)

　甲はA学院の理事長で校長であったが，A学院の理事会においてA校校長を退職し，学院長としての権限を後任に譲り現役を引退する意思を表明した。しかし甲は引退後もA学院の対外的な信頼を維持するために甲の学院長としての地位は名目的なものとして残すこと，学院長の職務を遂行するCEO（最高経営責任者）として乙をA校の校長として推薦することなどにつき説明し，理事会は全員一致で承認した。

　これによりA学院は甲に退職金3億2,000万円を支給して損金の額に算入した。

　しかし，課税庁はある金員が，「退職手当，一時恩給その他の退職により一時に受ける給与」に当たるというためには，それが，①退職すなわち勤務関係の終了という事実によって初めて給付されること，②従来の継続的な勤務に対する報償ないしその間の労務の対価の一部の後払いの性質を有すること，③一時金として支払われること，との要件を備えることが必要であるとして退職給与とすることを否認した。

　（注）　本稿は平成23年4月14日京都地裁判決の事件を情報公開法第9条1項により開示された情報によるものである。

(問題点)

　ある所得が退職所得とされると担税力の視点から2分の1課税だが，給与所得とされると全額課税となる。

　これを①退職という事実によって支給された，②従来の継続的勤務に対する報償又は勤務の対価の後払いの性格，③一時金として支払われた，という形式要件で判定したり，退職という事実を表面的に観察するだけでよいのであろうか。

（検　討）
(1) 課税庁の主張
① 退職所得の意義
　まず，所得税法第30条の退職給与は次のようなものであるとした。「退職金の功労報償的かつ賃金後払的性質及び退職後の生活保障という機能にかんがみ，特別に税負担が軽減され優遇措置が図られているという立法趣旨を踏まえると，所得税法30条第１項にいう『退職』という概念は，民法上の雇用契約（役員の場合は委任契約）の終了というような私法上の法律関係に即した観念として理解すべきではなく，雇用関係ないしそれに準ずる関係の終了ないしはそれらの関係からの離脱を意味するところの社会通念として理解すべきである。そうすると，退職所得に当たるかの判定は，給与支払者たる事業主等との勤務関係の終了，すなわち雇用主等との勤務関係からの離脱という実質を備えた『退職』が前提となるべきであって，勤務関係が継続している事実があるにもかかわらず，支給された金員を退職所得として特別に税負担を軽減することは，退職金の性質及び機能にかんがみ，社会政策上の観点から特別に軽減措置が設けられた法の趣旨を没却することになる。したがって，本件金員が退職所得として特別に税の減免を享受し得るためには，甲が原告を退職したという実体，すなわち原告との勤務関係の終了（原告からの離脱）という事実が必要である。」

② 退職の事実
　甲は引き続き，対外的に唯一原告を代表し，原告内部のすべての事務を統括する理事長職の地位にあった。
　そうすると，甲について退職の事実はなく，退職所得要件に該当せず，役員としての地位について，分掌変更もない。
　甲は，名実ともに理事長として職務に従事していた。

(2) 納税者の主張
　甲は，平成X年12月末日をもって，A校の校長及びA学院全体を統括する地位である学院長をいずれも退任して実質的には実務の第一線から退き，平成X＋１年１月１日以降は再定義後の学院長として象徴としての職務を行うとともに，本件センター・センター長として再雇用され，ライフワークとして行っていた国際交流活動の一部を継続することとなったもので，平成X年12月末日の

前後で，その職務には大きな変動があったばかりではなく，平成X年12月当時は1か月当たり160万円（基本給150万円及び部長手当10万円）であった賃金が，平成X＋1年1月1日以降，1か月当たり70万円（基本給60万円及び手当10万円）となり，約56％減額されることとなり，所得税基本通達30－2(3)の運用指針の要件を満たす程度の賃金の減額があり，従前の勤務関係の延長とは認められない。

(3) 判　示
　甲の職務の変動について，従前の勤務関係の延長とは認められないなどの特別の事情があるかを検討するに，再定義後の学院長の職務は，A学院の教育の長として行う象徴的な業務に限定され，給与等の対価は支払われず，従前の学院長の職務内容及び法的地位とはその性質を大きく異にするものである。
　また，本件センター・センター長の職務についても，その職務は本件センターにおいて各国からの来賓や在日大使の接待を行うほか，海外の関係者との懇談会を行うことなどであって，上記学院長ないしA校校長の職務とはその内容を大きく異にし，給与についても，対価として月額70万円の給与が支払われていたものの，従前の月給160万円と比較すれば約56％の減額となる上，自動更新を原則とするとはいえ，契約期間を1年とする嘱託職員雇用契約という雇用形態になったことにかんがみれば，その法的地位に重大な変動があったということができる。

(4) 判　決
甲氏は次のように異動した。
○学院長及び校長を退職
◎再定義後の学院長（退職前の学院長とは職務内容及び法定地位は異なり，給与等の対価はない）に就任，また，センター長に就任し嘱託職員雇用契約による名誉職で給与は従前の56％となる）に就任
　このような異動について，判決（京都地裁平成23年4月14日）では，甲の勤務関係は，学院長及びA校校長からの退職並びに再定義後の学院長及びセンター長への就任により，その性質，内容，労働条件等において重大な変動があったということができるとして退職所得の損金算入を認めた。

この部分に関して納税者の勝訴である。

（結　論）

代表者等が退職した場合でも，象徴的存在としてCEOになっている場合がある。このような場合には，表面的な観察だけではなく，実務を観察する必要がある。

コ　メ　ン　ト

　　　　代表者が退職した場合でも，経営上の実力があった者を象徴的な存在として，従来の代表取締役ではなくCEO的存在としている場合がある。

しかし，従来の役員とは異なるものとし，報酬を減額（56％）している場合は，「退任」という事実は認められなければならない。

このような判断は国税不服審判所では無理で訴訟によらなければならない。

第2章 寄附金

基礎知識

I　寄附金を巡る問題点と考え方

1　寄附金の内容

　寄附金は反対給付がなく，個々の寄附金支出について，これが法人の事業に直接関連があるものであるか否かが明確ではなく，かつ，直接関連のあるものとないものを区分することは実務上極めて困難であるから，一種の形式基準によって事業に関連あるものを擬制的に定め（損金算入限度額），これを超える金額を損金不算入としているのである。

　昭和38年12月の税制調査会の「所得税法及び法人税法の整備に関する答申」では次のように述べている。

　「法人が利益処分以外の方法により（現行法では「利益処分以外」は削除されている。）支出する寄附金の中には，法人の業務遂行上明らかに必要な寄附金と必要であることが明らかでない寄附金があり，後者は多分に利益処分とすべき寄附金を含むとの見地から，税法は後者に属する寄附金を税法上の寄附金とし，これについて損金算入限度を設け形式基準による区分を行なうとともに，例外として指定寄附金及び試験研究法人等（現行法では「特定公益増進法人」という。）に対する寄附金の制度を設けていると考えられる。」

　要するに，寄附金は事業活動に直接関連するか否かは明らかではないが，事業活動を円滑に実施し，ある種の無形の広報活動としても必要なものであるところから，全額損金算入をすることも問題があり，さりとて，事業活動に必要な部分を個々に区分することも困難であるので，形式基準（損金算入限度額）を設けて，これを超える部分だけを損金不算入とするとともに，指定寄附金等，特定公益増進法人に対する寄附金について特例を設けているのである。

　つまり，寄附金は「事業関連性」をそのまま判断基準としたものではなく，

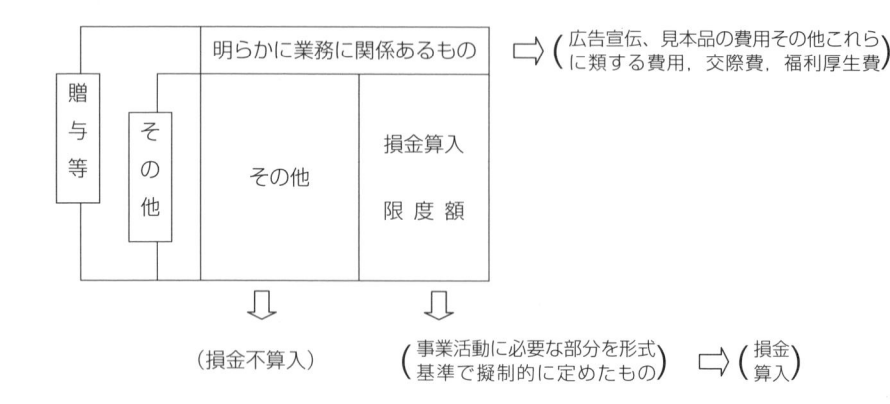

```
贈       明らかに業務に関係あるもの    ⇨ ( 広告宣伝、見本品の費用その他これら )
与  そ                                  に類する費用，交際費，福利厚生費
等  の   ┌─────────┬─────────┐
    他   │         │  損金算入 │
         │ その他   │         │
         │         │  限 度 額 │
         └─────────┴─────────┘
              ⇩            ⇩
         （損金不算入）  ( 事業活動に必要な部分を形式 ) ⇨ ( 損金 )
                        基準で擬制的に定めたもの        算入
```

次のように整理されていると解すべきであろう。
① 贈与のうち明らかに事業に関連する交際費・福利厚生費・広告宣伝費のようなものは，税法上の寄附金の範囲から除外する。
② 事業に関連のないものや事業に関連があるか否か明らかでないものについては，事実上判定が困難であるから形式基準によって損金算入限度額を設け，これを超える部分を損金不算入とする。

2 税制調査会（法人課税小委員会）の誤り

　法人課税小委員会報告（平成8年11月）では，一般寄附金について損金算入限度額内の金額を損金の額に算入する規定のあり方について，「寄附金に一部経費的な性格のある支出が含まれているとしても，一定の限度内であればその全額を損金の額に算入する現行の取扱いは，寄附金の本来的な性格，法人の交際費支出に対する課税上の取扱いとのバランスからみて，必ずしも適当とは言い難い面がある。したがって，損金算入の対象とする寄附金の範囲を限定するか，それが困難な場合には一定の限度内であってもその一部を損金の額に算入しないこととするといった見直しを行うことが考えられる。」としている。
　これは，「個人には損金算入限度額が設けられていない」「諸外国には一般寄附金の損金算入限度はない」という学者の意見を配慮したものである。つまり，事業関連性を考慮することなく損金算入を認めるのは問題であるという考え方なのであろう。
　しかし，これは税制調査会が個人と法人との間の所得計算における「必要経

費」と「損金」の違いを理解していないために生じたものであろう。
　すなわち，個人の一般寄附金は，それが収入を得るために必要な費用か否かで必要経費性を判断すればよいので損金算入限度額のような特別の規定を税法に置く必要はないが，法人の場合は一般に公正妥当と認められる会計処理の基準からみて費用であれば原則として損金であるが，一般寄附金のように損金算入について規制を設ける必要があるものについては別段の定めを置いているのである。
　また，国際的比喩論についても，例えば，アメリカの内国歳入法典162条（a）項では，「いかなる営業もしくは事業であれ，その遂行に当たり，課税年度において支払われ又は発生したすべての通常かつ必要な経費は，控除として許容されるものとする」としている。
　したがって，会計とはセパレートとなっているアメリカの課税所得計算では，費用が「通常かつ必要でない」と認められれば，もともと損金の額に算入されないので，一般寄附金もその内容に応じて「通常かつ必要なものか否か」で振り分けられるので，一般寄附金の損金算入限度額を設ける必要がないのである。
　日本では，親会社が子会社を援助すると直ちに寄附金の支出があったものとする税務執行が行われる。これに対して，アメリカでは，親会社が子会社を援助するのは当然であり，強いて言えば一種の投資を行ったと考える。
　税を徴収する側の立場で立法され，官僚という立場で執行が行われる日本らしい考え方がでているように思われる。

3　寄附金の対応を変えた例

　宅配便業者の大手であるヤマトホールディングスは，公益法人であるヤマト福祉財団を抱えており，その財団の定款には目的を「大震災の被災地の生活・産業基盤の復興と再生支援事業」としている。
　多くの企業では，日本赤十字社や被災県を通じた寄附をしており，この場合は全額が損金となる。しかし，ヤマトは「水産業や農業などの産業復興に的を絞りたい」と考えており，「薄く広くではなく，メリハリの利いた支援こそが被災地にとって必要」という視点で支援をとらえていた。
　ところが，ここに思わぬ税の壁が生じてしまった（『日本経済新聞』平成23

年6月2日付)。

　それは，企業が日本赤十字社や県などに寄附をすれば全額損金扱いとなるが，ヤマトのように営利法人から公益法人に寄附した場合は特定公益増進法人に対する寄附金となって限度額までしか損金とならず，130億円寄附しても大部分が課税されてしまう。

　この点はM商事も同じで，総額100億円の復興支援基金を立ち上げ，被災地向けの奨学金や復興活動をしているNPOに寄附したが，ほとんど損金とはならなかったという。

　NPOに税制上有利な認定を与える権限を持っていたのは国税庁で，同庁は寄附に名を借りた税逃れを警戒する余り，4万余のNPOのうち認定をしたのは200程度である。この点については認定NPOの要件を緩和し，認定権限を道府県と政令指定都市に与えることにしたので，かなり改善されそうである。

　ところで，前記のヤマトホールディングスは，「宅配荷物1つ当たり10円」(総額130億円)をヤマト福祉財団に寄附をし，これを全額損金となる指定寄附金として税の問題をクリアーした(『朝日新聞』平成23年6月24日)。

　公益性の高いと考えたらねばり強く税の措置を求めることが必要なようだ。

　なお，上記における寄附金の指定は次のようになっている。

第7号	公益財団法人ヤマト福祉財団に対して平成23年6月24日から平成24年6月30日までの間に支出された寄附金で，東日本大震災により被害を受けた地域における農業若しくは水産業その他これらに関連する産業の基盤の整備又は生活環境の整備により当該地域の復旧及び復興を図る事業に要する費用に充てられるものの全額

4　寄附金の考え方

(1)　寄附金の意義

　法人税法においては寄附金を定義することなく，寄附金の額を規定している。これは所得計算上必要とされるものは，贈与目的物の額又は価額であって，贈与契約そのものではないからである。

　損金算入の規制を受ける寄附金の額は，次の4つに大別されている。

① 資産の贈与又は経済的利益の無償の供与の贈与又は供与時の額又は価額
② 低廉譲渡又は低廉供与における譲渡又は供与のときの時価の対価との差額のうち実質的に贈与又は無償の供与をしたとみとめられる金額
③ 公益法人等の収益事業に属する資産から非収益事業に支出した金額(みなし寄附金)
④ 特定公益信託の信託財産とするために支出した金銭の額(みなし寄附金)

(2) 資産の贈与又は経済的利益の無償の供与

寄附金の額とは,寄附金,拠出金,見舞金その他いずれの名義をもってするかを問わず,法人が金銭その他の資産又は経済的利益の贈与又は無償の供与(広告宣伝及び見本品の費用その他これらに類する費用並びに交際費,接待費及び福利厚生費とされているべきものを除く。)をした場合におけるその金銭の額もしくは金銭以外の資産のその贈与の時における価額又は経済的利益のその供与の時における価額をいうものとされている(法37⑦)。

この規定では,資産の贈与と経済的利益の無償の供与を寄附金とみて,その額は金銭にあっては贈与時の額,金銭以外の資産及び経済的利益は贈与又は供与時の価額(時価)としているのである。したがって,社会通念上寄附金といわれる社会事業団体,神社,学校等に対する寄附金のほか,合理的理由のない債権放棄,金銭の無利息貸付,債務の無償引受け等が原則として含まれるということである。

ただ,資産の贈与又は経済的利益の無償の供与であっても,法人の事業遂行

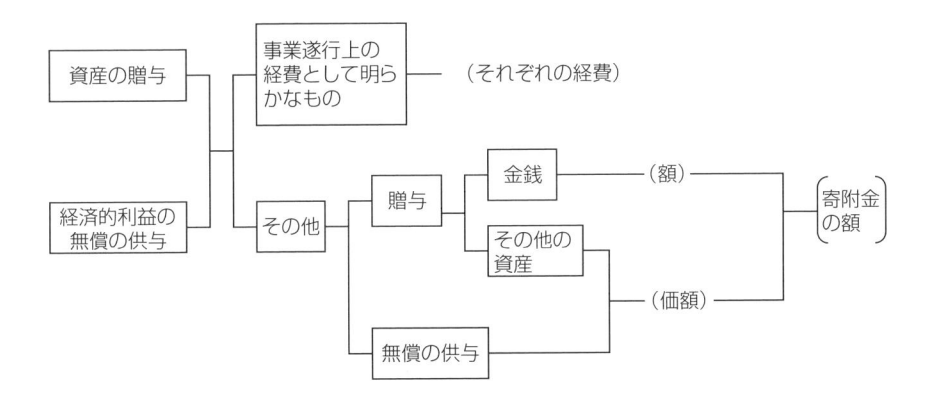

上の経費であることが明らかな見本品，中元，歳暮など広告宣伝費，福利厚生費，交際費などとして処理されるものは除かれる。

これらの関係を図解すると前頁の図のようになろう。

(3) 低廉譲渡，低廉供与

寄附金の課税要件は，法人税法第37条第7項で次のようになっている。

> 寄附金の額は，寄附金，拠出金，見舞金その他いずれの名義をもつてするかを問わず，内国法人が金銭その他の資産又は経済的な利益の贈与又は無償の供与（広告宣伝及び見本品の費用その他これらに類する費用並びに交際費，接待費及び福利厚生費とされるべきものを除く。次項において同じ。）をした場合における当該金銭の額若しくは金銭以外の資産のその贈与の時における価額又は当該経済的な利益のその供与の時における価額によるものとする。

法人税法第37条第7項は寄附金の課税要件として寄附金の額を定めているということである。そして，寄附金の課税要件は，「経済的な利益の贈与又は無償の供与」であって，すべての経済的取引における価格が問題とされるわけではない。

また，低廉譲渡の場合の寄附金の額は第37条第8項で次のように定められている。

> 内国法人が資産の譲渡又は経済的な利益の供与をした場合において，その譲渡又は供与の対価の額が当該資産のその譲渡の時における価額又は当該経済的な利益のその供与の時における価額に比して低いときは，当該対価の額と当該価額との差額のうち実質的に贈与又は無償の供与をしたと認められる金額は，前項の寄附金の額に含まれるものとする。

ここで注意したいのは低廉譲渡の際の対価の額と時価との差額を寄附金の額としているのではなく，対価と時価との差額のうち「贈与又は無償の供与をしたと認められる金額が寄附金の額に含まれるもの」としている。

この規定は，贈与の意思を隠匿して売買を仮装するがごとき行為に適用される。「実質的に贈与又は無償の供与であると認められる」ことが必要であるから，「時価と対価との差額」について「経済的合理性が存在せず」，「贈与又は無償の供与をした部分があること」を立証する必要があることになる。

　この点について昭和39年3月27日の大阪高裁判決は「……譲渡資産の時価と譲渡価格との差額について，任意かつ無償で提供され，相手方もその差額について何らの犠牲を伴わずに受益していると認められるときであって，これに反し合理的な理由による場合は，贈与したと認められないと解すべきである」と判示している。

　税実務において，課税要件を知らない課税庁職員が，高額，低廉譲渡は単純な発想で寄附金又は受贈益と認定しようとすることがあるが，「実質的に贈与又は無償の供与がある場合」だけ寄附金の額が生ずるのである。

　したがって，適正な原価計算によって取引した場合は，例え親子会社であっても寄附金課税が発生する余地はない。

　注意したいのは，法人税法第37条第8項は〔譲渡価額（時価）〕＞〔譲渡対価〕の場合について規定しているが，取引の相手を変えれば，〔譲渡価額（時価）〕＜〔譲渡対価〕の場合でも同様に扱われるのである。

　なお，不当高価譲受けをした場合の趣旨も，同様である。問題は，低廉譲渡の場合について規定され，不相当高価の譲受けについては規定されていないが，本来第8項は創設的規定を解すべきではなくて，第7項の確認的規定と解すべきである。その理由は，第7項においてすでに贈与又は経済的利益をもって「寄附金の額」としているからである。第8項は，もっとも多く生ずる低廉譲渡について定めている。このことは，第8項が「……前項の寄附金の額に含まれるものとする。」となっているところからも第7項の確認規定とみるべきである。第7項と第8項も寄附金の要件は共通で，「実質的贈与があったこと」と「経済的合理性の不存在」を課税庁が立証しない限り，寄附金認定はできない。

　取引の価格について，寄附金認定をする場合は，当該取引価格と時価との差額があることを証明しなければならないから，課税庁は必ず公正な取引価格を証明しなければならない。寄附金の課税要件は既述したように，「実質的贈与があったこと」であるから，その判定をなすためには，取引価格と時価との差

額を計算し，必ず寄附金額を明確にしなければならない。寄附金認定したすべての判例は，取引価格と時価との差額を判定するため，時価を明確にしている。

寄附金の課税要件は，「実質的贈与であること」だから，必ず「経済的合理性の不存在」が立証されなければならない。法人税基本通達9－4－1は，「子会社のために債権放棄等をしなければ，今後より大きな損失を被ることになることが社会通念上明らかであると認められる場合，その供与した経済的利益の額は寄附金の額に該当しない」ものとする。

また，法人税基本通達9－4－2は，子会社に対してやむを得ず行う無利息貸付け等の経済的利益の供与は寄附金と認定しない。これは，たとえ単純贈与であったとしても，経済的合理性があれば，寄附金とならないことを意味する。したがって，寄附金認定する場合，「時価を証明すること」と「経済的合理性の不存在を証明」しなければならない。

私的自治の下に行われている経済取引の価格に対して，課税庁は安易に介入してはいけないから，法人税法第37条第7項及び第8項と通達や判例は，寄附金認定について厳しい要件を課しているということである。

通達や判例集を見ると，経済的合理性があるとされるのは，次の場合である。
① やむを得ず行われた子会社への無利息貸付け等（通達9－4－2）
② 子会社に対する債権放棄がより大きな損失を回避する場合（通達9－4－1）
③ 契約に基づいて，値増しするのは，価格決定のプロセスであるから寄附金に該当しない（大阪国税不服審判所平成21年8月21日裁決）。

(4) 東京地裁の判決

平成26年1月の東京地裁判決に次のような事例がある。

(事　例)
　A社はB社の100％子会社である。A社はB社に製品を納入しているが，その納入価額は概算による仮価額とし，期末に適正な原価計算を行い，これを基礎として適正価額としている。適正価額と仮価額の差は，期末に精算している。
　これに対して，課税庁は仮価額が取引額であるから精算した金額につい

てはA社がB社への寄附金として課税した。
　この課税手法をどのように考えるか。

(問題点)

　本件について東京地裁判決では、「法人税法37条8項は、内国法人が資産の譲渡又は経済的な利益の供与をした場合において、その譲渡又は供与の対価の額が当該資産のその譲渡の時における価額又は当該経済的な利益のその供与の時における価額に比して低いときは、当該対価の額と当該価額との差額のうち実質的に贈与又は無償の供与をしたと認められる金額は、前項の寄附金の額に含まれるものとすると定めている。しかし、本件において、被告（国側）は、同項に基づく主張はしておらず、また、A社とB社間の取引価格と、市場価格との差額の存在及び額を認めるべき証拠はないから、本件売上値引き及び本件単価変更に係る金額は37条8項の寄附金に当たるとはいえない。

　以上によれば、本件売上値引き及び本件単価変更に係る金額が法人税法37条に規定する寄附金に該当するとして、P税務署長がA社に対し本件各事業年度の法人税の更正処分のうちA社の確定申告に係る所得金額及び納付すべき税額を超える部分並びに過少申告加算税賦課決定処分及び重加算税賦課決定処分は、いずれも違法であるから、取り消されるべきである。」とした。納税者勝訴である。

　なお、国側は控訴を断念し、判決は確定している。

(検　討)

　本件における著者が東京地裁に提出した「意見書」では次のように述べている。

　低廉譲渡の場合の寄附金の額は第37条第8項で次のように定められている。

　　内国法人が資産の譲渡又は経済的な利益の供与をした場合において、その譲渡又は供与の対価の額が当該資産のその譲渡の時における価額又は当該経済的な利益のその供与の時における価額に比して低い

> ときは，当該対価の額と当該価額との差額のうち実質的に贈与又は無償の供与をしたと認められる金額は，前項の寄附金の額に含まれるものとする。

　ここでも注意したいのは低廉譲渡の際の対価の額と時価との差額を寄附金の額としているのではなく，対価と時価との差額のうち「贈与又は無償の供与をしたと認められる金額」が寄附金の額に含まれるものとしている。
　この規定は，贈与の意思を隠匿して売買を仮装するがごとき行為に適用される。
　「実質的に贈与又は無償の供与であると認められる」ことが必要であるから，「時価と対価との差額」について「経済的合理性が存在せず」，「贈与又は無償の供与をした部分があること」を立証する必要があることになる。

　法人税法第37条8項の主文の主語は「〈中略〉認められる金額は」の前の文章であるから「実質的に贈与又は無償の供与をしたと認められる金額」である。
　この点について昭和39年3月27日の大阪高裁判決は「〈中略〉譲渡資産の時価と譲渡価格との差額について，任意かつ無償で提供され，相手方もその差額について何らの犠牲を伴わずに受益していると認められるときであって，これに反し合理的な理由による場合は，贈与したと認められないと解すべきである」と判示している。
　税実務において，課税要件を知らない課税庁職員が，高額，低廉譲渡は単純な発想で寄附金又は受贈益と認定しようとすることがあるが，「実質的に贈与又は無償の供与がある場合（又は高額譲受け）」だけ寄附金の額が生ずる。
　したがって，適正な原価計算によって取引した場合は，例え親子会社であっても寄附金課税が発生する余地はない。
　つまり，寄附金が生ずるのは時価と対価の差額がある場合のうち，「実質的に贈与又は無償の供与をした場合」でなければならない。

事例解説

II 事例でみる寄附金

1 事例の内容

税務調査において寄附金の損金算入が否定され、国税不服審判所の審査請求で全部取り消しとなって、更正処分が取り消される例が少なくないが、そのほとんどが不開示となっている。これらのうち、TAINSで情報公開法により公開された事例を中心にその内容を取り上げてみた。

事 例

2 寄附を条件とした土地の売買

> **(事 例)**
> 　A社は、建物の建築費用の額をP国立大学法人に寄附した。A社はこれらの寄附について「国等に対する寄附金」に該当するものとして全額損金の額に算入した。
> 　なお、A社はP国立大学から土地の譲渡を受けている。
> 　しかし、原処分庁（O税務署長）は、「建物を寄附しない限り本件土地を取得できなかったのであり、本件寄附金の支出と本件土地の取得は一体不可分のものと認められるから、本件寄附金は何ら反対給付を求めない寄附金として支出されたものとはいえず、外形上は指定寄附金に該当するとしても、本件土地の購入のために要した費用となる。」として損金算入を否認し、土地の取得価額とした。A社は原処分庁に対してどのように主張すべきであろうか。
> 　（注）　本件は平21年5月21日裁決の国税不服審判所の裁決例を参考にしている。

（問題点）

　資産取得のための条件として寄附をした場合は，その寄附金が国等に対する寄附金や指定寄附金であっても，その資産の取得のために要した費用であるから，損金の額に算入できず，資産の取得価額を構成するという主張が税務の第一線からなされるが，それだけの理由で損金算入を否認してよいものであろうか。

　本件はA社が，全額損金の額に算入したP国立大学法人へ寄附した建物に係る建築費用の額（指定寄附金）について，原処分庁（O税務署長）が，指定寄附金の支出はA社がP国立大学法人から土地を取得するための条件として行われたものであるから，指定寄附金は，土地の購入のために要した費用であり，土地の取得価額に算入されるとして法人税の更正処分等を行ったのに対し，A社が，原処分庁の認定には誤りがあり違法であるとして同処分等の全部の取消しを求めた事案であり，本件寄附金が，土地の取得価額に算入されるか否かが争点である。

（検　討）

　法人税法施行令第54条では，購入した減価償却資産の取得価額を次に掲げる金額の合計額としている。

　購入した減価償却資産　次に掲げる金額の合計額
イ　当該資産の購入の代価（引取運賃，荷役費，運送保険料，購入手数料，関税（関税法第2条第1項第4号の2に規定する附帯税を除く。）その他当該資産の購入のために要した費用がある場合には，その費用の額を加算した金額）
ロ　当該資産を事業の用に供するために直接要した費用の額

　また，法人税基本通達7－3－3では，（固定資産の取得に関連して支出する地方公共団体に対する寄附金）について次のように定めている。

　法人が都道府県又は市町村からその工場誘致等により土地その他の固定資産を取得し，購入の代価のほかに，その取得に関連して都道府県若しく

> は市町村又はこれらの指定する公共団体等に寄附金又は負担金の名義で金銭を支出した場合においても，その支出した金額が実質的にみてその資産の代価を構成すべきものと認められるときは，その支出した金額はその資産の取得価額に算入する。

　この取扱いは，固定資産の取得に関連して地方公共団体に寄附金を支出しても，単純に指定寄附金となるのではなく，寄附金を支出することが条件とされているため著しく低い価額で固定資産を購入できた等，その支出した金額が実質的にみてその固定資産の代価を構成すべきものであると認められるときは，その支出した金額を取得価額に算入しなければならないという趣旨であろう。
　また，法人税基本通達7－3－16の2《減価償却資産以外の固定資産の取得価額》では，減価償却資産以外の固定資産の取得価額については，別に定めるもののほか，法人税法施行令第54条の規定及びこれに関する取扱いの例によるとしている。
　これらから考えれば，寄附金がその資産（土地）を取得するための条件となっている（原処分庁主張）だけではなく，事例の場合に「指定寄附金が固定資産の代価を構成するか否かについては，その支出した金額が，寄附金を支出することが条件とされているため著しく低い価額で固定資産を購入できた等，実質的にみてその資産の代価を構成しているか否かによって判断するのが相当である。」とする国税不服審判所の裁決が正しいと考えられる。
　こうなると，寄附金を支出することが資産取得の条件となっているだけでなく，「著しく低い価額」で購入したことが，寄附金（建物の価額）が土地の取得価額と認定するための要件となる。
　本件の場合の取引価額は，財産評価基本通達に基づく財産評価基準書路線価図による評価額及び固定資産税評価額を上回っており，不動産鑑定士の評価額から建物解体費3,500万円を控除した金額を基礎としたもので，適正であり，「著しく低い価額」とはなっていない。
　また，本件の取引の背景については「本件土地の売買については，A社から持ちかけたものであり，A社には建物建替えのために土地を取得したい希望があり相手方も会館を建て替えたい希望があったと認められ，双方の希望を実現させるべく，本件土地を時価相当額で売買することとした上で，本件寄附金を

授受することに合意したものと認めるのが相当である。」と判断している。

土地等を取得するための条件になっている寄附金については，その取引条件だけでなく，「著しく低い価額」である等の立証が課税庁に求められるが，本事例ではそれがなされておらず，裁決文では次のように指摘されている。

「指定寄附金が，固定資産の代価を構成するか否かについては，その支出した金額が，寄附金を支出することが条件とされているため著しく低い価格で固定資産を購入できた等，実質的にみてその資産の代価を構成しているか否かによって判断すべきであるところ，原処分庁は，本件土地の売買において本件寄附金が条件であったことを主張するのみで，客観的にみて妥当な金額で売買された本件土地について，寄附金が実質的にみて土地の代価を構成しているとする根拠を示していない。」

(結　論)

寄附を条件とした資産の売買におけるその資産の取引価額は，その条件だけではなく，「著しく低い価額」が立証されなければならない。

資産を取得するための条件として寄附金を支払った場合でも，その寄附金の額を資産の取得価額に含めるためには，次の3つの要件が必要となる。

① 寄附金が資産を取得するための要件となっていること。
② 資産の取得のための価額が，一般の場合に比べて著しく低く定められていること。
③ 寄附金を支払うことにより取引要件のバランスが保たれていること。

コメント

A社が国立大学に建物建設費用を寄附した。A社は通常であれば国等に対する寄附金であるから全額損金の額に算入されると考えていた。

しかし，この寄附は，国立大学の土地を払い下げる場合の条件となっていた。このため課税庁では建物建設費用の寄附部分を土地の取得価額に算入し，損金としたA社の処理を否認したというわけである。

この更正処分の根拠は「……その取得に関連して都道府県若しくは市町村又はこれらの指定する公共団体等に寄附金又は負担金の名義で金銭を支出した場合においても，その支出した金額が実質的にみてその資産の代価を構成すべきものと認められるときは，その支出した金額はその資産の取得価額に算入する。」という通達（法人税基本通達7－3－3）である。

　気を付けたいのは，通達をみる前に課税要件のあり方を考えることである。

　こうなると，通達の「……その支出した金額が実質的にみてその資産の代価を構成すべきもの」という表現を考える必要がある。

　このため裁決では寄附金の額が取得価額となるためには，次の3つの要件が必要であるとしたのである。

① 寄附金が資産を取得するための要件となっていること。
② 資産の取得のための価額が，一般の場合に比べて著しく低く定められていること。
③ 寄附金を支払うことにより取引要件のバランスが保たれていること。

事　例

3　親子会社間の仕入金額の増額の場合の取扱い

（事　例）

　A株式会社は子会社であるB株式会社を外注先として部品を購入している。両者の間には次のような覚書がある。
① BはAの定めた製品規格に合致するP部品を製造するものとする。
② P部品の購入価格及び支払方法については，別途覚書で定める。
③ 本契約の有効期間は契約締結の月より2年間とし，A，Bいずれか一方より期間満了3か月前までに解約の申出のない限り，以後1年ずつ自動的に更新するものとする。

〔本件覚書（要旨）〕
① AがBより購入するP部品の価格は，原則として合理的な原価計算の基礎に立ち，A，B協議の上決定する。
② 購入価格の構成は，部材費，加工費及び出荷運賃とし，その細目については別にAよりBに書面により通知する。
③ Aの発注量の大幅な増減，経済事情の著しい変動（以下「本件変動要因」という。）が生じた場合は，A，B協議の上，購入価格を決定できるものとする。

　契約期間中にBはAに対して単価の値上げを要求し，Aはこれを受け入れた。この取引について課税庁は「本件仕入れ値増し及び本件単価設定は本件契約書等の定めに基づくものではなく，AからBへ利益の一部を供与するために行われたもので寄附金に該当し，損金算入限度超過額は，本件各事業年度の損金の額に算入することができない」としているが，どのように対応すべきか。

　（注）　本件は平成21年8月21日の国税不服審判所の裁決を参考にしている。また，この裁決は公開されていないため，情報公開法第9条第1項によって開示請求をした。

(問題点)
　取引について寄附金を認定されるのは，相互に利害関係のない法人の場合はほとんどなく，事例の場合のように利害の一致した親子会社間の取引に多い。
　したがって，本問の場合も取引価格を変更したことについて合理性があるか否かの立証が必要である。

(検　討)
〈取引単価〉
　納税者が取引単価の値上げをしたことについて，課税庁では取引価格は合理的な原価計算によることになっているが，この事業年度では変動要因が生じていないし，「納税者は計画利益と見込利益の差額として算出された仕入れ値増し及び単価設定を行っているが，これはA社及び子会社の利益調整を目的として行われた利益の移転である。」として寄附金であるという主張をした。
　納税者は審査請求において，適正な取引価格については，「独立企業間価格や再販売価格の例がなく，原価を基に取引価格を算定することが最も合理性がある方法であると思料するところ，本件覚書に定める『合理的な原価計算に基づく価格』とは，販売数量に対応して変動する原価を基礎に算定される価格である。
　したがって，各期末に確定した改定後の価格が，本件覚書第1条に定める請求人の購入価格である。」と主張して寄附金であるとする課税庁の主張に反論した。
　この取引は海外取引ではないので，独立企業間価格や再販売価格が適用されず，当事者間の覚書による原価計算によって計算したのであろう。しかし，著者としては次のような問題点があると思う。
① 　取引価格は，私的自治の原則により当事者間の契約自由に委ねられており，相手方に贈与したものがあると考えられなければ税務が介入することはない。
② 　国際取引でも「独立価格比準法」「再販売価格基準法」「原価基準法」（基本立法）を優先適用し，利益分割法や取引単位営業利益法といった利益法は基本三法を用いることができない場合に限り適用するという規定は，廃止された（旧措法66の4②）。

③　民間では，その取引の態様に合致した適切な方法で適正な価格であることを立証するために様々な工夫をしてきた。
④　税務では，「適正とされる金額」と異なる価格で取引をすると，気軽に寄附金課税をするがこれは誤りである。
⑤　寄附金と認定するには，「そもそも法37条⑧が寄附金として取り扱うものとしている経済的な利益の無償の供与は，その取引行為の時点でみて，自己の損失において専ら他の者に利益を供与するという性質を有する行為のみをいうものと解すべきであり……」（平成3年11月7日東京地裁）という判示を知る必要がある。

　本事例と似た審査請求事例について，国税不服審判所では，「原処分庁は，本件覚書第1条第1項において，『合理的な原価計算の基礎に立ち，双方協議の上決定する』旨定められていることから，取引価格は，一定の発注量及び経済事情を前提として合理的な原価計算を基礎に決定された取引価格であると主張する。しかし，各半期初に設定した単価は飽くまでも各半期末に変更されることが予想された暫定単価であり，各半期末において請求人が通知した決定単価が最終取引価格であるから，原処分庁の主張は採用することができない。」とした。

　また，課税庁が寄附金の認定になるとして親子会社間取引という事情を重視したことについて，「法人税法第37条の寄附金の額とは，その名義にかかわらず，金銭その他の資産又は経済的利益の贈与又は無償の供与のことであり，法人の事業に関連するか否かを問わず，法人が行う対価性のない支出であり，また，法人税法は，個々の法人を課税主体として，それぞれの担税力に応じて課税を行うこととしており，たとえ親子会社のような同一企業グループを構成している場合であっても，寄附金に該当するか否かの判断については，独立した経済主体である法人ごとにその経済的実質に基づいて行われるべきものであると解される。」と判断した。

　その上で，「同一企業グループを構成している会社間の支出であっても，各法人ごとの経済的実質に基づき対価性を判断すべきところ，審査請求人は，同一企業グループを構成する各社との間の本件仕入れ値増し及び本件単価設定に係る金額を部材の購入に係る対価として仕入金額に計上し，支出したものであるが，部材の価格決定方法及び価格自体がいずれも合理的であり，本件仕入れ

値増し及び本件単価設定も対価の一部として合理的なものと認められること，並びに，本件仕入れ値増し及び本件単価設定の理由が取引価格の変更あるいは修正であることから同金額は寄附金には該当しない。」として更正処分を取り消したのである。

(結　論)

人格を異にする法人間の取引価格は，私的自治が尊重されるべきであり，客観的にも合理的価格と乖離した金額でない限りは寄附金課税はできない。

コ　メ　ン　ト

親会社が子会社に部品を発注する際に行う単価の決定は，適正な原価計算によることになっていた。

しかし，1事業年度の発注数や材料の高騰などで異なっていたため，各半期に定めた単価を期末に増額する必要があった。この場合，清算をする金銭が寄附金となるか否かの問題である。

結果として単価修正は合理的であり，寄附金とはならないと裁決した。

事　例

4　親子会社間の適正管理料の認定と寄附金

（事　例）

　A社は親会社であるB社が募集した南米の労働者を雇用し，その労働者を日本国内の製造業者に派遣する人材派遣業を営んでいるが，B社との間で締結した各業務契約書及び各合意書に基づき経営管理料をB社に支払った。

　しかし，課税庁は次の理由でその経営管理料は合理的に算定されたものとは認められないとして，サービス業を営む類似法人411社の平均売上総利益率を基に適正経営管理料を算定し，請求人の支払った経営管理料のうち原処分庁の算定した適正経営管理料を超える金額を，B社に対する寄附金と認定する更正処分を行った。

① 　経営管理料は契約書に記載してある方法と異なる算定方法で算出されていること

② 　A社が各契約書に定められた業務のうちその役務の提供を受けていると認められる業務は，事務管理業務及び従業員募集業務のみであること

　このように，親子会社間取引のうち適正と認める金額を課税庁が独自に計算し，取引金額が高額と認められる部分を寄附金とする課税処分をどのように考えるか。

（問題点）

　親子会社間取引で，その取引価格が適正な時価を超える（又は著しく低額）場合にどのような課税要件が必要となるか。

　また，適正金額を立証する場合の挙証責任は，課税庁，納税者のいずれにあるか。

(検　討)
(1) 寄附金認定の留意点

法人税法第37条第7項では寄附金の額について次のように定めている。

> 寄附金の額は，寄附金，拠出金，見舞金その他いずれの名義をもってするかを問わず，内国法人が金銭その他の資産又は経済的な利益の贈与又は無償の供与（広告宣伝及び見本品の費用その他これらに類する費用並びに交際費，接待費及び福利厚生費とされるべきものを除く。次項において同じ。）をした場合における当該金銭の額若しくは金銭以外の資産のその贈与の時における価額又は当該経済的な利益のその供与の時における価額によるものとする。

また，低廉譲渡の場合の寄附金の額は法人税法第37条第8項で次のように定められている。

> 内国法人が資産の譲渡又は経済的な利益の供与をした場合において，その譲渡又は供与の対価の額が当該資産のその譲渡の時における価額又は当該経済的な利益のその供与の時における価額に比して低いときは，当該対価の額と当該価額との差額のうち実質的に贈与又は無償の供与をしたと認められる金額は，前項の寄附金の額に含まれるものとする。

ここでは，「含まれるものとする」としていることから，この規定は創設的規定ではなく，確認的規定である。したがって，ここでは〔譲渡価額（時価）〕＞〔譲渡対価〕の場合について規定しているが，取引の相手を変えれば，〔譲渡価額（時価）〕＜〔譲渡対価〕の場合でも同様に扱われる。

つまり，法人税法第37条第8項は比較的事例の多い適正価額に比し，取引金額が低い場合だけ例示的に規定しているのである。

また，寄附金が生ずるのは時価と対価の差額がある場合のうち，「実質的に贈与又は無償の供与をした場合」でなければならない。時価との差額が存在するだけでは，寄附金と認定することはできず，課税庁は「時価との差額」と「実質的贈与」と「経済合理性の不存在」を立証しなければならない。

本事例のように，取引金額と時価との差額がある場合に，統計的手法で算定した額との差額を親子会社という理由だけで寄附金認定をするのは許されない。

さらに，私的自治の下に行われている経済取引の価格に対して，課税庁は安易に介入してはならないから，法人税法第37条第7項及び第8項と通達や判例は，寄附金認定について厳しい要件を課しているということである。

(2) 事例の検討

本事例と似た事案における国税不服審判所の裁決例（更正処分の全部取消し，平成10年2月20日裁決）がある。

ここでは，親子会社間取引における税務の取扱いについて次のように定めている。

「親子会社間の取引については，当該各社が全体として統一した経営意思により経営されているいわゆる利害関係を共にする運命共同体的関係にあるという理由だけをもって，親子会社個々の所得金額の計算について特別な観点から取り扱うことは許されていないのであり，これらの場合，一般に法人が合理的経済人又は独立した第三者として特別な関係にない取引先であったならば当然にとったであろう取引形態を前提としてその取引の対価の適否を認定すべきものであって，それと著しく異なる取引は，不自然，不合理なものであり，特段の事情のない限り経済的合理性を欠くものとして税法が適用されるものと解されているところである。」

また，親子会社間のサービス提供とその対価については，「親子会社間で提供されるサービスについて，サービスの提供を受けた子会社がそのサービスに関する経費の配賦を受けた場合に，その経費が税務計算上の通常の損金とされるためには，その子会社が現実に便益を享受していることが必要であり，この場合，親会社から供与された便益が間接的又は希薄なものであるときにはその損金性が否定的に解されるものであり，また，税務当局の調査に対しては現実にサービスの提供を受けていることを立証し得る証拠資料を提出することも必要であって，これを欠くときには，その配賦された経費の損金性を否定的に解するのが，税務計算上における基本的な取扱いであると認められる。」としている。

この裁決のうち，国側の更正処分の全部を取り消した部分は賛成であるが，上記の裁決文の内容と「税務計算上の基本的な取扱い」は不満である。もっと課税要件の基本的な考え方を明らかにすべきであろう。

　裁決理由において，経費の立証責任を一方的に納税者に求めている点は不満であり，訴訟段階では異なる判断になると思われる。

　結果としては，裁決では役務提供の範囲と算定根拠のうち，事実認定としてA社が提供した役務が事務管理及び従業員募集の業務だけとする課税庁の認定は誤りであるとし，経営管理料の一部を寄附金とした更正処分は相当でないとして更正処分の全部を取り消した。

(結　論)

　本事例でも，支払った経営管理料のうち，寄附金と認定するためには，時価（適正管理料）のうち，贈与又は無償の供与をしたと認められる部分があることが必要で，その部分については，課税庁に挙証責任がある。

コメント

　A社はB社に人材派遣として派遣料を収受している。課税庁は類似事業を営む法人の適正派遣料を算出し，これを超える部分を寄附金とする更正を行った。

　これに対して国税不服審判所では，A社が提供した役務，事務管理を少なく見積った課税庁の計算は誤りであるとして更正処分の全部を取消した。

　しかし，寄附金は時価と対価との差額というよりは，そのうち贈与した部分を課税庁が立証しなければならない。

　更正処分の全部取消しは賛成であるが，挙証責任の分配に関する審判所の考え方は受け入れられない。

事例

5　建物賃貸借契約における敷引金の取扱いについて

(事例)

　A社は建物賃貸借契約に基づいて受領した敷金のうち，返還を要しないとされた金額について，実質的に前受家賃であり，賃貸借期間と応じて収益の額に計上すべきとしていた。しかし，課税庁では敷金のうち敷引とされた金額は返還を要しないとされているから契約締結日を含む事業年度の収益の額であるとしている。いずれの解釈が正しいか。

> 敷引とは，一般的に敷金のうち一定金額又は一定割合を返還しない旨を特約したものをいう。

(問題点)

　法人税基本通達 2 - 1 -41では，「資産の賃貸借契約に基づいて保証金，敷金等として受け入れた金額であっても，当該金額のうち期間の経過その他当該賃貸借契約等の終了前における一定の事由の発生により返還しないこととなる部分の金額は，その返還しないこととなった日の属する事業年度の益金の額に算入するのであるから留意する。」としている。同じ敷金であっても，これを一定の場合に返還するものであれば単なる預り金であって収益としない。

　しかし，敷金の一定部分を返還しないという特約がある場合には，「賃主にとっては，一定期間経過ごとに，又は賃貸借契約締結当初において，その保証金，敷金等の一部がもはや返還されない確定収入となるのであるから，返還しないことが確定した時点で，その確定した金額につき，その都度収益計上すべきことになる。」としている。

　(注)　消費税法基本通達 9 - 1 -33も同旨の取扱いとなっている。

(検 討)

(1) 当事者間の主張

敷金のうち，敷引金の考え方について争われた事例（平22年10月18日裁決）では当事者は次のように主張した。

（納税者の主張）
① 本件建物賃借契約において敷引とされた金員（本件敷引金）は実質的な前受家賃であるから，本件建物賃貸借契約における賃貸借期間で均等償却した額を毎期収益に計上すべきである。
② 本件建物賃貸借契約の中途解約に関する定めによれば，貸主の都合により中途解約する場合には，貸主は借主に敷金を返還することとなり，契約上この返還すべき敷金から本件敷引金は除外されていない。したがって，貸主の都合により中途解約した場合には未経過期間に対応する本件敷引金の返還義務が生じる。
③ 貸主も借主も本件敷引金を20年で償却する旨の認識で合意している。

（課税庁の主張）

次の①及び②の理由によって敷引金は本件建物賃貸借契約の締結日に返還しないことが確定したので，契約日を含む事業年度の益金の額に算入する。
① 本件敷引特約により，本件敷引金は貸主が任意で償却できることとされているから，本件敷引金は，貸主が借主に返還しない額をあらかじめ定めたものと認められる。
② 借主も，本件敷引金を返還されることのない金員であると認識した上で本件建物賃貸借契約を締結している。

(2) 審判所の判断

① 法令解釈

法人税法第22条第2項及び第4項は，各事業年度の所得金額の計算について，ある収益をどの事業年度に計上すべきかについては，一般に公正妥当と認められる会計処理の基準に従うべきである旨規定しており，これによれば，収益の額は，その実現があった時，すなわち，その収入すべき権利が確定した時の属する事業年度の益金の額に算入すべきものと解される。

したがって，資産の賃貸借契約に基づき貸主が収受した敷金の一定部分につ

いて借主に返還しない旨約定されている場合には，賃貸借契約締結当初において，その返還しない部分の金員は，貸主において，これを自己の所有として自由に処分することができる趣旨の金員として授受されたもの，すなわち一種の権利の設定の対価として返還されない確定収入となるのであるから，当該返還しない部分の金員の収益計上時期は，その返還しないことが確定した日の属する事業年度であると解される。

② **基本通達の定め**

敷引金の返還不要が確定した日の属する事業年度の益金の額に算入するとした法人税基本通達2－1－41は，確認的な取扱いであり，この取扱いがあることによって(1)の解釈するという創設的取扱いではない。これは通達で「…であるから留意する」と書かれていることからも明らかである。

③ **契約内容について**

- ㋑ 本件建物賃貸借契約において，本件敷引金が契約開始後に貸主の任意の方法で償却できるものとされていることからすれば，本件敷引金は，本件建物賃貸借契約が締結された時点において，当該契約が期間満了まで継続するか，期間内に終了するかを問わず，貸主において返還を要しないことが確定していたものと認められる。
- ㋺ 本件建物賃貸借契約が締結された時点において，本件敷引金は，一種の権利の設定の対価として返還されない貸主の確定収入となり，貸主は，本件敷引金を自己の所有として自由に処分することができると認められるから，本件敷引金は，本件建物賃貸借契約が締結された日の属する事業年度において，その全額を収益として計上すべきものと解するのが相当である。

（結　論）

税務の実務においては，基本通達が定められているものを確認規定のようにこれに従うことが当然と考えられている。

しかし，通達はあくまで課税庁の解釈を示したものに過ぎず，納税者は自らの法解釈として裁決例や判決例を基礎としなければならない。

本事例はこのような思いを込めて取り上げたものである。

なお，本件における消費税の取扱いとしては「本件敷引金は一種の権利の設

定の対価であり，本件敷引金の受入れは，消費税法第2条第1項第9号に規定する課税資産の譲渡等に該当し，また，その譲渡等の時期は，本件敷引金を返還しないことが確定した本件課税期間において行ったものと認められるから，本件敷引金から消費税等相当額を差し引いた金額を本件課税期間の課税標準額に算入して行われた本件消費税等更正処分は適法である。」とされている。

コメント

　「敷引とは，一般的に敷金のうち一定金額又は一定割合を返還しない旨を特約したものをいう。」とされているが，返還されない敷金は，実質的に前受家賃であり，賃貸借期間と応じて収益の額に計上すべきという会計上の考え方と，敷金のうち敷引とされた金額は返還を要しないとされているから契約締結日を含む事業年度の収益の額であるという法律上の考え方がある。

　しかし，敷引金は一種の権利の設定の対価として返還されない貸主の確定収入となり，貸主は，本件敷引金を自己の所有として自由に処分することができると認められるから，敷引金は，本件建物賃貸借契約が締結された日の属する事業年度において，その全額を収益として計上すべきものと解するのが相当である。

　注意したいのは，税務を「税務会計」という会計の概念で律するのは誤りで，あくまで権利義務の考え方をとらなければならないということである。

事　例

6　無利息融資を巡る背景を考える

（事　例）

　A株式会社は精密機器の製造業を営み，同機器の甲部品はA社の子会社であるB社に外注していたが，当期に入って次のような問題が生じた。
① B社の製造する甲部品は製造機械の旧型化に伴い精度が悪化し，製造機械を新型のものに買い替える必要があるが，その取得のためには8,000万円を要する。しかし，その資金はB社にはない。
② ①の資金としてA社はB社に8,000万円の無利息融資をする。ただし，B社はA社に納入する部品の単価の値上げはしない。

　この取引について，課税庁は，A社の無利息融資による経済的利益はA社のB社に対する寄附金とし，B社には受贈益を課税するとした。

（問題点）

　課税庁の寄附金（A社に対して），受贈益課税の理論的根拠は，次のようなものである。

『寄附金課税の知識』（渡辺淑夫著）

「(1) 寄附金の支出側（贈与側）に対する課税にあたり，その寄附（贈与）をしたことによる財産上の損失（財産の減少）を無条件に損金又は経費として控除することを認めると，これによって納税額が減少する分だけ国がその寄附金の一部を肩代わりする結果となります。そこで，これについて一定の制限（法人は限度計算，個人は必要経費不算入）を設けてその支出を抑制する一方，国や公益性の高い団体に対する寄附については，税法上の特例を設けてその支出を奨励することにしています。

　(2) 寄附金の受入側（受贈益）における利益（受贈益）については，その一般的な担税力に着目して，原則として課税の対象としますが，その性格又は政策的見地からみて直ちに課税することを適当としない一定の受贈益については，非課税ないし，課税の繰延べの措置を講じます。」

この事例の場合に，課税庁のこの考え方を受け入れてよいかが問題である。

(検　討)

課税庁が経済的利益の無償の供与（無利息貸付）を寄附金の額と認定するのは，次のような法人税法第37条第8項の規定を根拠とするものであろう。

> 内国法人が資産の譲渡又は経済的な利益の供与をした場合において，その譲渡又は供与の対価の額が当該資産のその譲渡における価額又は当該経済的な利益のその供与の時における価額に比して低いときは，当該対価の額と当該価額との差額のうち実質的に贈与又は無償の供与をしたと認められる金額は，前項の寄附金の額に含まれるものとする。

この原文を適用する場合には，次の2点を注意する必要がある。

第1は，この規定は創設的規定ではなく，確認規定であるということである。つまり，この規定は，低利又は無利息の場合を規定しているが逆に不当に高利である場合も寄附金とされるということである。確認規定というのは，第8項が「……前項の寄附金の額に含まれるものとする。」となっているところからも第7項の確認規定とみるべきである。第7項も第8項も寄附金の要件は共通で，「実質的贈与があったこと」と「経済的合理性の不存在」を課税庁が立証しない限り，寄附金認定はできない。

第2には，課税庁は通常の利率よりも低い（又は無利息）又は高いということと，その取引の経済的合理性がないことを立証しなければならないということである。

取引の価格について，寄附金認定をする場合は，当該取引価格と時価との差額があることを証明しなければならないから，課税庁は必ず公正な取引価格を証明しなければならない。寄附金の課税要件は既述したように，「実質的贈与があったこと」であるから，その判断をなすためには，取引価格と時価との差額を計算し，必ず寄附金を明確にしなければならない。寄附金認定したすべての判例は，取引価格と時価との差額を判定するため，時価を明確にしている。

寄附金の課税要件は，「実質的贈与であること」だから，必ず「経済的合理性の不存在」が立証されなければならない。法人税基本通達9－4－1は，「子

会社のために債権放棄等をしなければ、今後より大きな損失を破ることになることが社会通念上明らかであると認められる場合、その供与した経済的利益の額は寄附金の額に該当しない」ものとする。

また、同通達9－4－2は、子会社に対してやむを得ず行う無利息貸付等の経済的利益の供与は、寄附金と認定しない。これは、たとえ単純贈与であったとしても、経済的合理性があれば、寄附金とならないことを意味する。したがって、寄附金認定する場合、「時価を証明すること」と「経済的合理性の不存在を証明」しなければならない。

注意したいのは、A社のB社に対する融資が通常の利率による取引であるとすれば、B社はA社に対して物品納入単価の値上げを要求したであろう。それが出来なかったのは、無利息融資とともに製品の値上げをしないという条件があったからである。

このように考えると利息の差額（通常の利子と無利息融資）と製品単価との間に経済的合理性があるか否かである。

私的自治の下に行われている経済取引の価格に対して、課税庁は安易に介入してはいけないから、法人税法第37条第7項及び第8項と通達や判例は、寄附金認定について厳しい要件を課しているということである。

（結　論）

課税は無利息融資貸付だけを問題としているが、取引によってB社は次のような損害が生ずる。

① 　旧型機械の除却額　　　　2,000万円
② 　新型機械の償却費負担　年間1,000万円
③ 　償却資産税負担額　　　　112万円
　　　合計　　　　　　　　　3,112万円

一方次のような利益を受ける。

① 　金利分　　　　　240万円

（長期基準金利は1.975％であるが一般的に銀行金利は2～3％となる）

また、A社が8,000万円の余剰資金を長期定期として得べかりし利益は8,000万円×大口定期（10年も）0.15％＝12万円となる。

A社とB社は双方の利益のほか年間発注分などを考慮して取引条件と定める。

課税庁がこのうち「無利息融資」だけを取り上げて寄附金課税や受贈益課税をするのは誤りである。

　民間の取引は，多様な要素を組み合わせてその損得を決断していく。また，取引をするとしても，その決断によってA社のB社に対する発注量等も加味されよう。

　本件においては，取引相互間の多様なプラスマイナスを考慮しないで更正するのは誤りであろう。

コメント

　無利息貸付を直ちに寄附金とするのは誤りで，その取引が贈与であったか否かの検討が必要である。

　事例は下請けに新型機械を購入する貸金を無利息で貸付けるが，下請代金の値上げは認めないという取引である。

　課税庁が「無利息融資」だけを取り上げて寄附金課税や受贈益課税をするのは誤りである。

　民間の取引は，多様な要素を組み合わせてその損得を決断していく。

　経営は多様なもので「損して得とる」という発想もある事を理解してほしい。

　そのためには「何で無利息としたのか，全体としての損益は」と考えなければならない。

第3章　交際費

基礎知識

I　交際費の成立要件とその範囲

1　損金不算入額

　交際費課税は，平成26年度改正前までは，法人が支出する交際費等（一人当たり5,000円以下の飲食費等を除く。）は，原則として全額損金不算入となっていた。ただし，中小法人（資本金1億円以下の法人等）については，年800万円に達するまでの全額損金算入が認められていた。

　平成26年度改正で消費の拡大を通じた経済の活性化を図る観点から，飲食のための支出（社内接待費を除く。）については，50％の損金算入ができる。

　この50％基準は中小法人については，定額控除（年800万円）との選択制となっている。

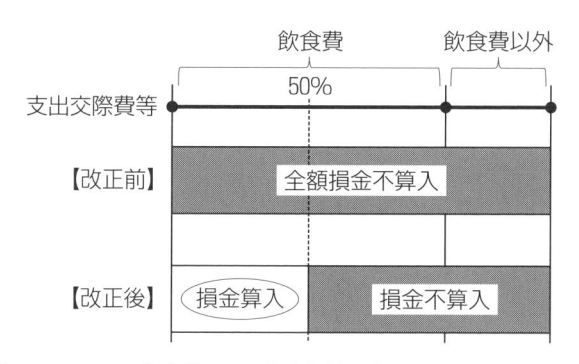

(注)　中小法人については，飲食費の50％と定額控除額800万円のどちらか有利な方を選択する。

(出所)　党税制調査会資料

2 平成26年度の改正
(1) 内　容

平成26年度改正では，交際費課税制度について，その適用期限を2年間延長するとともに，消費の拡大を通じた経済の活性化を図る観点から，飲食のための支出（社内接待費を除く。）の50％を損金算入できることとしたのである。

つまり，交際費課税の改正は，交際費を負担する法人の税負担に配慮したのではなく，「消費拡大を通じた経済の活性化」という言葉に示されているように，飲食業界の活性化というアベノミクスの1つであることである。

この結果，交際費課税は次のようになる。

① 1人当たり5,000円以下の飲食費（社内接待費を除く。）は，交際費等から除外する。

② 1人当たり5,000円超の飲食費（社内接待費を除く。）は50％損金算入

③ ②以外の交際費（社内接待費及び飲食費以外の交際費）は損金不算入とする。

(2) 事例計算
(事例1)

A社の交際費等の内訳は次の通りであった。

① 1人当たり5,000円以下の社外飲食費　500万円
② 1人当たり5,000円超の社外飲食費　3,000万円
③ ②以外の交際費（社内接待費及び飲食費以外の交際費）　2,000万円

これらのうち，①はもともと交際費等とはならないので，税務上の交際費は②と③の合計額である5,000万円となる。

この場合の交際費等の損金不算入額は次のようになる。

$$② \times \frac{50}{100} + ③ = 1,500万円 + 2,000万円 = 3,500万円$$

(事例2) →中小企業のケース

① 100万円
② 1,000万円
③ 500万円

（交際費等）②1,000万円＋③500万円＝1,500万円
（中小企業の損金不算入額）
〈定額控除額との比較〉

$$1,000万円 \times \frac{50}{100} = 500万円$$
定額控除額　　　　　　800万円　　　　　　　いずれか多い額　800万円

（結果としての損金不算入額）
　②の交際費
　　500万円（1,000万円　×　50％）　　いずれか多い額
　　　　　　　　　　　800万円　　　　　800万円
　　　　500万円　＜　800万円　→　0
　③の交際費
　　損金不算入額　③500万円
　※○の中の数字は本稿(3)における区分である。

(3) ゴルフプレーに伴う食事

(2)の（事例１）に該当する（5,000円以下の飲食費の交際費等からの除外）飲食費については，ゴルフ・観劇・旅行等の催事に際しての飲食費等については，通常，それらの催事を実施することを主たる目的とする一連の行為の一つとして実施されるもので，この飲食等は催事と一体的なものとして一連の行為に吸収される行為と考えられる。そのため，飲食等が一連の行為とは別に単独で行われている場合（例えば，旅行の行程がすべて終了して解散した後に，一部の取引先と飲食等を行った場合など）を除き，原則，交際費等に該当するとされている（平成18年５月　国税庁「交際費等（飲食費）に関するQ&A」・Q７）。

しかし，(2)の②によるゴルフ接待費等に伴う飲食費も適用対象に含まれるのではないかと考える向きもあるが，50％損金算入における飲食費の範囲は，5,000円基準における飲食費と基本的には同様となるため，例えばゴルフプレー中の食事に係る費用などは，50％損金算入の適用対象にはならない。

3　課税要件としての交際費

租税特別措置法61条の4第3項では，損金不算入の対象となる交際費等を「交際費，接待費，機密費その他の費用で，法人が，その得意先，仕入先その他事業に関係のある者等に対する接待，供応，慰安，贈答その他これらに類する行為（〔中略〕「接待等」という。）のために支出するもの〔中略〕をいう」としている。

この条文から，交際費等の課税要件を捉えてみると，次のようになる。

① 「支出の相手先」が事業に関係ある者等であること
② 「支出の目的」が事業関係者との間の親睦の度を密にして取引関係の円滑な遂行を図るものであること
③ 「行為の態様」が接待，供応，慰安，贈答その他これらに類する行為であること

これらを損金不算入の対象となるためにはどのような要件が必要かという視点でみると次のようになる。

判決例でみると，比較的古い判決では，①の旧二要件説によっているが，最近では，②の新二要件説または③の三要件説によることが多いようである。もっとも，最近でも被告（国側）は二要件説で主張することが少なくない。三要件説は支出の目的と行為の態様に区分しており，一般に優れていると考えられている。

判決例による交際費成立要件

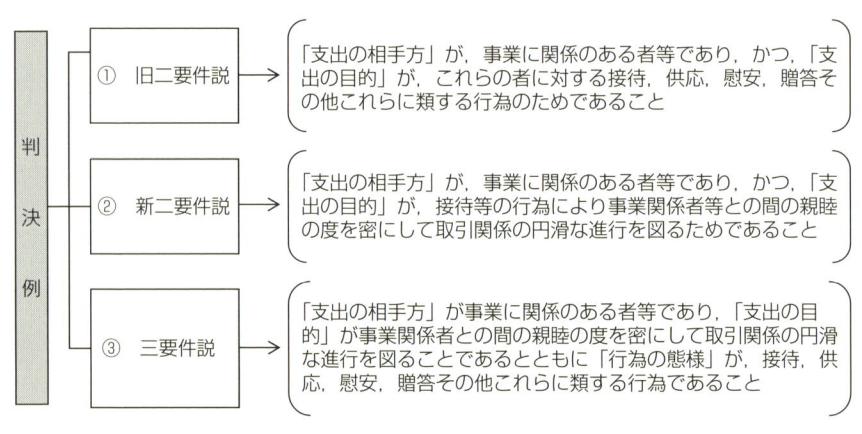

判決例		
①	旧二要件説	「支出の相手方」が，事業に関係のある者等であり，かつ，「支出の目的」が，これらの者に対する接待，供応，慰安，贈答その他これらに類する行為のためであること
②	新二要件説	「支出の相手方」が，事業に関係のある者等であり，かつ，「支出の目的」が，接待等の行為により事業関係者等との間の親睦の度を密にして取引関係の円滑な進行を図るためであること
③	三要件説	「支出の相手方」が事業に関係のある者等であり，「支出の目的」が事業関係者との間の親睦の度を密にして取引関係の円滑な進行を図ることであるとともに「行為の態様」が，接待，供応，慰安，贈答その他これらに類する行為であること

4　事例でみる成立要件

　A社はエステティシャンやネイリストなどの美容教室を展開し，全国各地に多数の教室があり，例年数千人の卒業生を輩出している。毎年11月には東京の有名ホテルで，この卒業生を招待して「卒業祝賀パーティー」を開催している。

　この法人が免状取得者に免状を授与する式（以下「卒業式」という。）において昼食を供与した費用を交際費等として更正した事件があった。

　このパーティーは11時から15時30分に及ぶもので昼食を出さないわけにはいかないし，酒類は，祝賀のための乾杯用にシャンパングラス1杯だけであった。

　しかし，課税庁では次の理由で交際費等としたのである。

　「本件卒業生を本件各卒業式の出席資格者としていることから，本件各卒業式費用の支出の相手方は，請求人の事業関係者等であると認められるところ，本件各卒業式は，開会後『免状授与式』が行われ，その後，『卒業祝賀パーティー』（以下『本件各パーティー』という。）と題して，出席者に酒食の提供が行われていることから，本件各パーティーは請求人が出席者との親睦を深めることなどを目的に酒食のもてなし，すなわち，供応，接待のために行われているものと認められる。」

　これに対して，国税不服審判所裁決（裁決平20・4・25裁事集75・401，J75－3－26）では，「本件各昼食費用等は，①支出の相手方が事業関係者等とは認められるものの，②支出の目的が，事業関係者等との間の親睦の度を密にして取引関係の円滑な進行を図るためであるということはできず，③支出の原因となる行為の形態が，接待等であるとは認められない。」として更正処分を取り消した。

　実は，この裁決は次のような東京高等裁判所の判決（萬有製薬事件）を基礎としたものである。

　「措置法61条の4第3項は，交際費等とは，交際費，接待費，機密費その他の費用で，法人が，事業関係者等に対する接待等のために支出するものをいう旨規定しており，当該支出が交際費等に該当するかどうかについては，①支出の相手方が事業関係者等であり，②支出の目的が，事業関係者等との間の親睦の度を密にして取引関係の円滑な進行を図るためであるとともに，③支出の原因となる行為の形態が，接待等であることの三要件に該当することが必要であると解される。

そして，支出の目的が接待等のためであるか否かについては，当該支出の動機，金額，態様，効果等の具体的事情を総合的に判断して決すべきであり，また，接待等に該当する行為とは，一般的に見て，相手方の快楽追求欲，金銭や物品の所有欲などを満足させる行為をいうと解される。」（東京高判平15・9・9税資253・順号9426，Z253－9426）

　上記の国税不服審判所の裁決は上記東京高等裁判所の判決を参考にして出され，交際費課税を取り消した。

5　裁判例からみた成立要件（萬有製薬事件）
(1)　適用要件と事例

　法人の支出する費用が交際費等に該当するか否かは租税特別措置法61条の4第3項の「（交際費等）とは，交際費，接待費，機密費その他の費用で，法人が，その得意先，仕入先その他事業に関係のある者等に対する接待，供応，慰安，贈答その他これらに類する行為〔中略〕のために支出するもの（専ら従業員の慰安のために行われる運動会，演芸会，旅行等のために通常要する費用その他政令で定める費用を除く。）をいう。」という条文で検討すべきものである。

　しかし，現実には膨大な租税特別措置法関係通達によって執行されている。ここでは，裁判所ではどのような考え方で法解釈をしているかを現実の事例で解説してみることにする。

　【事　例】（東京地判平14・9・13税資252・順号9189，Z252－9189，東京高判平15・9・9税資253・順号9426，Z253－9426（確定））

　萬有製薬株式会社（以下「A社」という。）は，主として医家向医薬品の製造販売を事業内容としていたが，その医薬品を販売している大学病院等の医師等から，その発表する医学論文が海外の雑誌に掲載されるようにするための英訳文つき，英文添削の依頼を受け，これをアメリカの添削業者2社に外注していた。

　A社は医師等から国内添削業者の平均的な英文添削料金を収受していたが，A社がアメリカの添削業者に支払っていた添削料金はその3倍以上で，その差額は次のようになっていた。

年　　度	差　　額
平成6年3月期	1億4,513万円余
平成7年3月期	1億1,169万円余
平成8年3月期	1億7,506万円

　結局，上記の差額金額はA社が負担していたことになる。
　これに対して国側は，英文添削を依頼した医師等はA社の「事業に関係のある者」に該当し，添削料の差額負担分は，支出の目的が医師等に対する接待等のためであって交際費等に該当するとして更正処分（平成6年3月期）をした。
　この事件は審査請求から訴訟に発展し，国税不服審判所の裁決および第一審の判決（東京地裁）ではいずれも国側処分を是としていたが，控訴審（東京高裁）では納税者が逆転勝訴に，国側は上告を断念したため，控訴審判決が確定した。
〈高裁判決の要旨〉
　「交際費等」が一般的に支出の相手方および目的に照らして，取引関係の相手方との親睦を密にして取引関係の円滑な進行を図るために支出するものと理解されていることを前提として，交際費等の課税要件（成立要件）を「『交際費等』に該当するというためには，①『支出の相手方』が事業に関係のある者等であり，②『支出の目的』が事業関係者等との間の親睦の度を密にして取引関係の円滑な進行を図ることであるとともに，③『行為の形態』が接待，供応，慰安，贈答その他これらに類する行為であること，の三要件を満たすことが必要であると解される。」とした。
　しかし，本事例では支出の相手方はともかくとして「支出の目的」および「行為の形態」はいずれも課税要件を具備しておらず，「交際費等」には該当しないと判示した。

(2) 支出の相手方

　支出の相手先が「事業に関係ある者」であるか否かについて，A社は英文添削の依頼者の中には基礎医学の研究者，研修医，大学院生など薬品の処方，選択等に権限を有しない者も含まれていたことで「事業に関係ある者」といえな

いと主張したが，本事例の判決ではA社の主張の事実を認定した上で「大学の医学部やその付属病院の教授，助教授等，控訴人の直接の取引先である医療機関の中枢の地位にあり，医薬品の購入や処方権限を有する者も含まれていたことからすれば，全体としてみて，その依頼者である研究者らが，『事業に関係のある者』に該当する可能性は否定できない。」とした。

国側主張のように法人の利害関係者がある者を全て「事業に関係のある者」と考えるような単純な判別ではなく，交際費課税においては，薬の処方権限を持つ者，持たざる者を区分しないで添削料の差額を負担し，しかも，その差額負担の事実を相手方に明示しなかったという事実に着目して「事業に関係ある者」を判断すべきであり，「支出の目的」から独立して「事業に関係ある者」を判別すべきではなかったと考えている。

本事例の主たる問題点が，本件英文添削の差額負担の支出の目的およびその行為形態が「接待，供応，慰安，贈答その他これらに類する行為」に当たるか否かであると考えられるのであれば「事業に関係ある者」についても，支出の目的及び行為の態様との有機的な結び付きのなかで判断すべきではなかったかと考えている。

(3) 支出の目的

交際費等の成立要件の1つである「支出の目的」については「事業関係者との間の親睦の度を密にして取引関係の円滑な進行を図ること」にあるが，本事例の判決では次の理由から本件支出は上記の目的のためではなかったとしている。

① A社は，本件英文添削の依頼を受けるに際し，公正競争規約に違反することを懸念し，事前に公正取引協議会に確認の上，その指導に従い，国内業者の平均的な料金を徴収することにしていること
② A社のCLIC（クリニカルリサーチインフォメーションセンター：英文添削業者）への支払額は，当時研究者から徴収した料金を下回っていたこと

このため，英文添削がなされるようになった動機や経緯からすれば「主として，海外の雑誌に研究論文を発表したいと考えている若手研究者らへの研究発表の便宜を図り，その支援をするということにあったと認められる。それに付随してその研究者らあるいはその属する医療機関との取引関係を円滑にすると

いう意図，目的があったとしても，それが主たる動機であったとは認め難い。」と判示している。

ただ，その後，海外の添削業者に支払う料金がかなり割高になったため添削料の差額をA社が負担することになったのだが，次のような事実からすれば，差額負担の事実を研究者等またはその属する医療機関との取引関係の上で積極的に利用しようとしたとはいえないと判断した。

① 差額が生じていた事実を研究者に明らかにしていなかったこと
② 差額が生じている事実を研究者は認識していなかったこと

また，A社は全国の9,000余りの病院のほとんどと取引していたが，英文添削の依頼を受けていたのは約95の機関であり，いずれも高度，かつ先端的な研究をする医療機関ですが，必ずしもA社の大口取引先というわけではなかった。もともと，英文添削は若手研究者の研究発表を支援する目的で始まったものであり，「本件英文添削の依頼者は，主として若手の講師や助手であり，控訴人の取引との結びつきは決して強いものではないこと，その態様も学術論文の英文添削の費用の一部の補助であるし，それが功を奏して雑誌掲載という成果を得られるものはその中のごく一部であることなどからすれば，本件英文添削の差額負担は，その支出の動機，金額，態様，効果等からして，事業関係者との親睦の度を密にし，取引関係の円滑な進行を図るという接待等の目的でなされたと認めることは困難である。」（前掲東京高判平15・9・9）と判示した。

(4) 行為の態様

交際費等の第3の成立（課税）要件は，行為の態様として「接待，供応，慰安，贈答その他これらに類する行為」であることが必要であるとされている。

ところで，注目すべきことは，本事例の判決では，交際行為（接待等に該当する行為）を「一般的に見て，相手方の快楽追求欲，金銭や物品の所有欲などを満足させる行為をいうと解される。」としていることである。

この点は国側の主張である「支出の目的がかかる相手方に対する接待，供応，慰安，贈答その他これらに類する行為のためであれば足り，接待等が，その相手方において，当該支出によって利益を受けていると認識できるような客観的状況の下に行われることは必要でない。交際費等に該当する接待等の行為は，相手方の欲望を満たすものである必要はない。」とは大いに異なるところであ

る。

　この点に関する過去の判決例を検討してみると，交際費とされるためには，それを支出する側の意図だけではなく，接待を受ける側がそれによって利益を受けるような客観的状況がなければならないとする次のような判決がある。

　「会社からの金員の支出が交際費と認められるためには，会社が取引関係の円滑な進行を図るために支出するという意図を有したことを要するのは当然であるが，そればかりでなく，その支出によって接待等の利益を受ける者が会社からの支出によってその利益を受けていると認識できるような客観的状況の下に右接待等が行われたものであることを要する」（大阪高判昭52・3・18税資91・395，Z091-3956）

　例えば，来客に昼食等を供与したとしても，それが，社会通念上通常の程度のもので，相手方の個人的な歓心を買うような利益を与えているという認識がなければ交際費等に該当しないと解すべきである。

　本事例の判決はこのような考え方に立脚しており，本事例における添削料の差額負担のサービスは研究者らが海外の医学雑誌等に発表する原稿の英文表現等を添削し，指導するというものであって，「学問上の成果，貢献に対する寄与である」と判断している。

　この背景には，株式会社という営利法人といえども社会的な存在である限りは，必ずしも自己の利益に結び付かない学問上の貢献があって然るべきであるという考え方があるように思われる。

　本事例の判決では，この考え方によって添削料の差額負担という行為は，「通常の接待，供応，慰安，贈答などとは異なり，それ自体が直接相手方の歓心を買えるというような性質の行為ではなく，上記のような欲望の充足と明らかに異質の面を持つことが否定できず，むしろ学術奨励という意味合いが強いと考えられる。」としている。

　つまり，課税要件の1つである「行為の態様」は成立しないというのである。

　本件訴訟において国側は，「その他これらに類する行為」とは，接待，供応，慰安，贈答とは性格が類似しつつも，行為形態の異なるもの，すなわち，その名目のいかんを問わず，取引関係の円滑な進行を図るためにする利益や便宜の供与を広く含むものであると主張した。

　これに対して判決では，「課税の要件は法律で定めるとする租税法律主義（憲

法84条)の観点からすると『その他これらに類する行為』を国側主張のように幅を広げて解釈できるか否か疑問である。そして，ある程度幅を広げて解釈することが許されるとしても，本件英文添削のように，それ自体が直接相手方の歓心を買うような行為ではなく，むしろ，学術研究に対する支援，学術奨励といった性格のものまでがその中に含まれると解することは，その字義からして無理があることは否定できない。」としている。

結局，行為の態様からみると，「本件英文添削の差額負担は，通常の接待，供応，慰安，贈答などとは異なり，それ自体が直接相手方の歓心を買えるというような性質の行為ではなく，むしろ学術奨励という意味合いが強いこと，その具体的態様等からしても，金銭の贈答と同視できるような性質のものではなく，また，研究者らの名誉欲等の充足に結びつく面も希薄なものであることなどからすれば，交際費等に該当する要件である『接待，供応，慰安，贈答その他これらに類する行為』をある程度幅を広げて解釈したとしても，本件英文添削の差額負担がそれに当たるとすることは困難である。」として交際費課税を取り消したのである。

税務に携わる者は，課税要件を無視してはならない。その意味では，「萬有製薬事件」の東京高裁判決（前掲東京高判平15・9・9）は交際費における課税要件（成立要件）を真正面から検証し，その課税要件（①支出の相手方，②支出の目的，③行為の態様）について，いわゆる三要件説の立場から法的基準に基づく判示を行っている点が注目される。

6　交際費の文理的検討
(1)　「等」とは何か

租税特別措置法61条の4第3項では，「交際費等」を次のように定義している。

---

③　第1項に規定する①交際費等とは，交際費，接待費，機密費その他の費用で，法人が，その得意先，仕入先②その他事業に関係のある者等に対する接待，供応，慰安，贈答その他③これらに類する行為〔中略〕のために④支出するもの〔中略〕をいう。

上記①のように，「交際費」としないで「交際費等」としたのは会計科目上

の交際費よりは損金不算入の対象とする交際費等はその範囲がはるかに広く，会計処理上の勘定費目に捉われないからである。

(2) 「その他事業に関係ある者等」とは何か

上記(1)の②は，交際費等の支出の相手方を示したもので，「得意先，仕入先」はあくまで例示で，「その他事業に関係のある者等」を含んでいるから，その範囲はかなり広いことになる。

この点について措置法通達では，「租税特別措置法第61条の4第3項に規定する『得意先，仕入先その他事業に関係のある者等』には，直接当該法人の営む事業に取引関係のある者だけでなく間接に当該法人の利害に関係ある者及び当該法人の役員，従業員，株主等も含むことに留意する。」とされている（措通61の4(1)-22）。

したがって，本店の役員が業務視察で支店に来店した際に支店の費用でその役員を接待した場合も交際費等に入る。

また，法人が役員だけを対象として温泉旅館で忘年会を催したり，大株主を対象として料亭で飲食を伴いながら決算事情説明会を行う場合も交際費等となる。

(3) 「これらに類する行為のために」の意味

上記(1)の③について問題になるのは，「行為のために支出するもの」という規定の解釈である。

これは接待，交際等のために直接支出するものだけではなく，これらに伴って支出したものを一切含むという意味である。

したがって，得意先を接待した際に支出するタクシー代は，「相手方を迎えに行くもの」「相手方と同乗して接待場所（例えば料亭）に行くもの」「接待後に相手方を自宅に送るもの」「接待をした側が帰宅するもの」全てが交際費等となる。

税務調査において，タクシーチケットの使用状況を念査するのは，これらのうち損金不算入となる交際費等に該当するものを抽出するためのものであると理解してほしい。

ただ，「類する行為のために」を文理的に解釈し，間接費的要素のある費用

を全て交際費等とする考え方には賛成できない。
　例えば，顧客を接待する場合に社用車を使った場合に，運転手である社員の給料，ガソリン代，車の減価償却費まで交際費等とはしていない。
　また，顧客をゴルフに接待する場合に，ゴルフ場への送迎にハイヤーを使ったときのハイヤー代は交際費等としているが，社用車で送迎する場合の社用車の減価償却費，運転手の給料等は交際費等とされない。

(4) 「支出するもの」の解釈

　租税特別措置法61条の4第3項（交際費等の定義）では，「接待，供応，慰安，贈答その他これらに類する行為のために支出するものをいう。」としている。
　この場合の「支出するもの」とは「金銭を支払うこと」または「金銭，物品その他の財産上の利益を供与または交付すること」と解すべきである。
　交際費等を「支出するもの」と定義している以上は，企業が接待専用の建物（迎賓館の要素を持つもの）を建築し，そこで得意先等の接待を行う場合に，接待に要した費用は交際費等とはなっても，その建物の減価償却費は「支出するもの」ではないので交際費等となる余地はない。
　また，企業が顧客接待のためにゴルフ場の会員権を所有しており，これを譲渡したところ損失が生じたという場合の「譲渡損」についても，「支出するもの」に該当しないので交際費等とはならない。
　資産に計上したゴルフクラブの入会金（会員権）の処理については，次のような取扱いがある（法基通9－7－12）。

法人税基本通達9－7－12（資産に計上した入会金の処理）
　法人が資産に計上した入会金については償却を認めないものとするが，ゴルフクラブを脱退してもその償還を受けることができない場合における当該入会金に相当する金額及びその会員たる地位を他に譲渡したことにより生じた当該入会金に係る譲渡損失に相当する金額については，その脱退をし，又は譲渡をした日の属する事業年度の損金の額に算入する。

　ここでは，法人が資産に計上したゴルフクラブの入会金については，ゴルフクラブを脱退したり，他に譲渡した場合には，入会金に係る譲渡損失は損金の

額に算入することを明らかにしている。

　注意したいのは,「損金の額に算入する」と表現していることで,その意味は,「交際費等以外の単純損金として損金の額に算入する」ということである。この通達の表現をめぐって国税庁内でも議論があったのだが,交際費等を「支出するもの」と法律に書いてあるために交際費等とならないという意味を込めていると解される。

(5) 課税要件との関係

　課税要件法定主義については,「租税は,国民の経済生活のほとんどすべての局面に関係をもち,その結果国民は税法に基づく納税義務を考慮することなしには,いかなる経済的意思決定もすることができないので,国民の経済生活の法的安定を図る上で税負担の予測可能性の保障が欠くことのできない事項であるとする考え方に由来する原則である。この原則の主な内容は,法律の根拠なくして政令又は省令等で,新たに課税要件に関する定めをすることができないこと,及び法律の定めに違反する政令又は省令等が効力をもたないことである。」(岩﨑政明ほか共編『税法用語辞典』大蔵財務協会,八訂版,平23)としたものがある。

　以上は,キャピタル・ロスがこれに含ませるわけにはいかなかったという意味である。

7　交際費等から除外されるもの
(1) 除外費用の例示

　租税特別措置法では,交際費等から除外されるものを,次のように規定している (措法61の4③,措令37の5②)。

① 専ら従業員の慰安のために行われる運動会,演芸会,旅行等のために通常要する費用

② 飲食その他これに類する行為のために要する費用 (専らその法人の役員もしくは従業員またはこれらの親族に対する接待等のために支出するものを除く。) であって,その支出する金額を参加人数で除した金額が5,000円以下の金額

　(注) 一定の書類を保存している場合に限られる (措法61の4④)。

③ カレンダー，手帳，扇子，うちわ，手ぬぐい，その他これらに類する物品を贈与するために通常要する費用
④ 会議に関連して，茶菓，弁当，その他これらに類する飲食物を供与するために通常要する費用
⑤ 新聞，雑誌等の出版物または放送番組を編集するために行われる座談会その他記事の収集のために，または放送のための取材に通常要する費用
　(注)　除外費用とされる①，③〜⑤については，いずれも「通常要する費用」という歯止めがされている。

(2)　従業員慰安費用

　交際費等の定義において，支出の相手先を「その他事業に関係ある者等」としており，これには当該法人の役員，使用人等も含まれる。

　しかも，支出の態様についても「接待，供応，慰安，贈答」としているので，「それでは従業員慰安費用は交際費等となるのか」という疑問が生じてしまう。

　もともと，従業員の慰安のために行われる運動会，演芸会，旅行等のために通常要する費用は福利厚生費であり，交際費等とすべきではない。

　そこで，租税特別措置法61条の4第3項第1号では「専ら従業員の慰安のために行われる運動会，演芸会，旅行等のために通常要する費用」は交際費等から除外しているのである。

　これらについて次のような判示がある。

　「『専ら従業員の慰安のために行われる運動会，演芸会，旅行等のために通常要する費用』を特に交際費等から除外しているのは，この種の費用が，従業員個々人の業務実績とは無関係に従業員全体の福利厚生のために支出されるものであり，法人において負担するのが相当な費用であるので，通常要する範囲を超えない限り全額損金算入を認めても，法人の社会的冗費抑制の目的に反しないとしたためであると解される。」（東京高判昭57・7・28税資127・524,Z127－5039）

　なお，除外要件のうち「専ら」としているのは，法人の福利厚生事業が機会均等的要素を持ち，法人の事業ともいえるものを指し，その都度一部の者や特定の者が集まるものは除外要件に含まれないと解すべきである。

　したがって，法人が課長以上の者の忘年会費用や部長以上の者のゴルフコン

ぺ費用を負担した場合には、交際費課税の対象となる。

また、「通常要する旅行費用等」が交際費等から除外される理由については、次のように判示される。

「(通常要する)旅行費用等は、通常、従業員全員が、各人の労働の質、量、能率等にかかわらず、当該企業に所属していれば誰でも同様の給付を受けることができるという原則で運営されるものであるから、その額がそれらの行事に通常要する費用を超えない限り、冗費濫費の抑制という法の趣旨に反しないということができるから、損金に算入することを認めないという特別の扱いをする必要がなく、旅行費用等を交際費等の範囲から除外したものと解することができる。」((第一審)神戸地判平 4・11・25税資193・516、Z193－7024、(控訴審)大阪高判平 5・8・5 税資198・476、Z198－7177、(上告審)最判平 6・2・8 税資200・562、Z200－7281(同旨))

注意したいのは、「運動会、演芸会、旅行」はあくまで例示であるから、「専ら」、「通常要する費用」という二要件を満足する限りは、潮干狩りでもダンスパーティーでも観劇会でも同様の扱いとなる。

(3) 社外飲食費用
① 除外要件―書類の保存

交際費等の範囲から「1人当たり5,000円以下の飲食費(社内飲食費は交際費となる。)」が除外されることになっている。

(注)「社内飲食費」とは、専ら当該法人の役員もしくは従業員またはこれらの親族に対する接待等のために支出する飲食費をいう。

交際費等から除外されるためには、次の事項を記載した書類を保存していることが必要である(措法61の4④・68の66④、措規21の18の4・22の61の4)。

- イ　その飲食等のあった年月日
- ロ　その飲食等に参加した得意先、仕入先その他事業に関係のある者等の氏名または名称およびその関係
- ハ　その飲食等に参加した者の数
- ニ　その費用の金額ならびにその飲食店、料理店等の名称およびその所在地
- ホ　その他参考となるべき事項

注意したいのは、上記ロで飲食者等の「氏名または名称」としていることで

あるが，一般的には個人は氏名，法人は名称であろう。しかし，飲食をする者は全て個人であり，法人は飲食しない。それにもかかわらず「名称」としているのは，相手方の氏名やその一部が不明の場合や多数参加したような場合は，「○○会社，□□部，△△△△△（氏名）部長他○名，卸売先」という表示であってもよいことになっているからである。

このような記載は，相手方が社外であって社内飲食費でないことを立証し，次の計算によって1人当たり5,000円以下であることを明らかにするためのものである。

〔算　式〕
飲食等のために要する費用として支出する金額 ÷ 飲食等に参加した者の数 ＝ 1人当たりの金額

② 「5,000円基準」の意味

1人当たり5,000円以下の社外飲食費は交際費等から除外されるが，除外費用は正しくは「飲食その他これに類する行為のために要する費用」である。

したがって，得意先が従業員の運動会を開催した場合に差し入れる「弁当代」も交際費からの除外の対象となる。

もっとも，この場合の「弁当」は，差し入れ後，相当の時間内に飲食されることが想定されていることが前提になる。

したがって，単なる飲食物の詰め合わせを贈答する行為は，いわゆる中元・歳暮と変わらないので，「飲食その他これに類する行為」には含まれない。このため，その贈答のために要する費用は，原則として，交際費等に該当する。

弁当と似たものに，飲食店で提供される飲食物を持ち帰る「お土産」代をその飲食店等に支払う場合には，相応の時間内に飲食されることが想定されるとすれば，飲食に類する行為に該当するものとして，飲食等のために要する費用として，「5,000円以下」基準が適用できる。

注意したいのは，1人当たりの金額が5,000円を超えるときは，その全額が交際費等となり，「50％損金」の対象となるのである。5,000円は控除という意味ではない。

飲食が1次会だけではなく，2次会に及んだ場合はどうなのであろうか。

例えば、1次会は寿司屋で10名、2次会は残った6名でスナックを利用したという場合である。

国税庁では、1次会と2次会で全く別の飲食店等を利用した場合のように「それぞれの行為が単独で行われていると認められるとき」については、「それぞれの行為に係る飲食費ごとに1人当たり5,000円以下であるかどうかの判定を行って差し支えない。」としている（『交際費等（飲食費）に関するQ&A』（国税庁平18・5））。

つまり、寿司屋からスナックに移ったときは、それぞれ5,000円基準により判定してもよいが、2次会も寿司屋で行ったときは区分して計算しないというのである。

③　会議費等との区分

従来から交際費等に該当しないこととされている会議費等（会議に関連して、茶菓、弁当その他これらに類する飲食物を供与するために通常要する費用など）については、1人当たり5,000円超のものであっても、その費用が通常要する費用として認められるものである限りにおいて、交際費等に該当しないものとされる。

ここでいう「会議に通常要する費用」は通達で次のように明らかにされている。

租税特別措置法関係通達61の4(1)−21（会議に関連して通常要する費用の例示）

　会議に際して社内又は通常会議を行う場所において通常供与される昼食の程度を超えない飲食物等の接待に要する費用は、原則として措置法令第37条の5第2項第2号に規定する「会議に関連して、茶菓、弁当その他これらに類する飲食物を供与するために通常要する費用」に該当するものとする。

　　（注）　1　会議には、来客との商談、打ち合わせ等が含まれる。
　　　　　　2　〔省略〕

注意したいのは、「社内又は通常会議を行う場所」というのは、供与される場所を限定したものではなく、供与される昼食の程度を示す形容詞であるとい

うことである。

　社内または通常会議を行う場所で供与されるのは，「カツライス」，「幕の内弁当」等であって，ランチ程度ということを示していると解すべきである。

　したがって，会議において供与される程度のものであれば，外部の食堂やレストランで供与しても取扱いが異なるものではなく，夕食の供与であっても，ランチ程度のものであれば交際費等とされない。

④　海外との違い

　海外では，顧客が昼食時に来社した後に昼食を供与する場合，その昼食がリーズナブルであり，相手の個人的歓心を買うものでなければ，交際費等とせず，日本のように金額基準で判断するようなことはしない。

(4)　広告宣伝費用

　交際費等とはしない物品の贈与について，租税特別措置法施行令37条の5第2項1号では，「カレンダー，手帳，扇子，うちわ，手ぬぐいその他これらに類する物品を贈与するために通常要する費用」を例示している。

　これらの交付が広告宣伝的効果を意図したものであるため，もともと交際費等とすることになじまないので，交際費等とならないことを念のため明らかにしたものである。

(5)　会議における食事代

　租税特別措置法施行令37条の5第2項2号では，「会議に関連して，茶菓，弁当その他これらに類する飲食物を供与するために通常要する費用」は交際費等に該当しないこととしている。

　交際費等から除外する趣旨について裁判例でも触れられており，「冗費濫費に及ぶ恐れがないもの」として次のように述べている。

　「法人が得意先又は従業員と販売の促進あるいは業務の打合せ等の会議（以下『会議』という。）をする場合には，それに伴って酒食の提供等をすることがあるが，そのようなものも，本来的には交際費等に当たりうるものであるが，法は，右条項に規定するようなものであれば，冗費濫費に及ぶおそれがないとして，交際費等の範囲から除外することを認めたものである。したがって，右除外の趣旨から，『会議に関連して，茶菓，弁当その他これらに類する飲食物

を提供するために通常要する費用』というのは，冗費濫費のおそれがないような，会議に際して社内又は通常会議を行う場所において通常提供される昼食程度を超えない飲食物等の接待に要する費用のことであると解すべきであり，このようなものである限り，その全額が交際費等から除外される。このことは，会議が社外の会場を借りて行われた場合であっても同様であるが，いずれにしても，支出の前提になる会合が会議の実体を備えたものでなければならないものであ」る（神戸地判平4・11・25税資193・516，Z193－7024）。

結局，損金不算入となるのは③である。
① 1人当たり5,000円以下の対外飲食費
② 1人当たり5,000円超の対外飲食費
③ ［②×50％］と飲食費以外の交際費
　(注)　中小企業は［②×50％］と年800万円基準を選択できる。

(6)　新聞・雑誌等の編集費用

「新聞，雑誌等の出版物又は放送番組を編集するために行われる座談会その他記事の収集のために，又は放送のための取材に通常要する費用」（措令37の5②三）は交際費等から除外されている。

この理由については，「新聞等の編集のために通常要する費用は，いわゆる交際費というべきではないが，接待供応等に準ずる行為であることは否めないであろう。このような費用は，編集等について不回避的なものであって，通常の商業又は製造業における仕入商品又は原材料を意味するからである。したがって，この項目は，特殊な業種に対する措置とみるべきである。」（武田昌輔編著『DHC会社税務釈義』（第一法規，昭39））と説明されている。

ただ，仕入商品，原材料を意味する交際費支出は他の業種にも存在するはずで，マスコミだけにあるものではない。

この意味からすれば，この規定は交際費等の解釈から出たものではなく，座談会，取材などの実態に着目し，さらに特殊な業種に配慮した措置と考えるほかはないであろう。

事例解説

Ⅱ 事例でみる交際費

1 事例の内容

　税務調査において交際費として損金算入が否定され，国税不服審判所の審査請求で全部取り消しとなって，更正処分が取り消される例が少なくないが，そのほとんどが不開示となっている。これらのうち，TAINSで情報公開法により公開された事例を中心にその内容を取り上げてみた。

事　例

2 契約を変更せずに行った業務委託料の性格

（事　例）

　A社は建築用資材の製造，加工及び販売をしているが，同社が主要材料費の科目で支出した金員について課税庁が，この金員は支出先からの受注拡大を期待して支出したものであるから交際費等に該当することとして更正し，A社との間に次の争点で争われたものである。

争点1　本件金員は交際費等に該当するか否か。

争点2　A社が本件金員を交際費等としなかったことにつき隠ぺい又は仮装した事実が存在するか否か。

　A社はB社との間に業務委託契約を行い，業務委託料は月額100万円としていたが，その後の覚書で業務委託料を建築資材売上高の4％に変更している。B社は売上高の10％を要求したところ，A社の圧力で4％としたものである。結果的にはA社は，主要材料費の科目で金員の追加払いをしたが，課税庁は契約の変更もなく，計算根拠もないので，当該金員は業務対価ではなく，交際費等であるとした。

　（注）　本事例は平成20年2月18日の国税不服審判所の裁決事例を基礎にしている。

(問題点)

A社が主要材料費の科目で支出した金員について，原処分庁が，本件金員はA社が支出先の関連会社からの受注拡大を期待して支出したものであるから交際費等に該当すると認定して行った法人税等の更正処分に対し，A社はあくまで業務委託料であるとして争った事件だが，当事者間の授受した金員の性格については，取引の背景や経済的性格などを解明する必要がある。

(検　討)

原処分庁が交際費等と認定したのは，業務委託料は契約書上は増額しておらず，計算根拠も示されていないので，取引を拡大するために支出したもので，これを制作設計の対価と仮装し，実質は交際費等となるというものである。

業務委託料はA社が売上高の4％，B社は10％と主張していたが，実際の支払額は売上が増加するかしないかで異なってくる。

また，契約当初においてB社が「仕事が欲しい」と考えれば赤字を覚悟でA社の主張を受け入れるかもしれない。ところが，取引を継続していくうちに，当初の契約ではとうてい採算がとれないと判断すれば増額を要求するであろう。A社にしてみれば，当初は安い金額でB社を説得したものの，業務を継続する必要があるとすればB社の増額要求を受け入れないわけにはいかない。

この間の事情について，国税不服審判所の裁決文では，次のように述べている。

「本件金員は，支払先の法人の社長がA社に対し，本件業務に係る業務委託料を適正な価額にするよう増額を求め，これに対してA社は本件プレカット事業を継続していくため，その求めに応じて当該業務委託料を増額する必要があると判断し，本件業務の対価として支出したものと認めるのが相当である。」

ただし，「売上高の4％」という委託料率を安易に引き上げると「売上高を伸ばさなくても金はもらえる」との甘えが出ることを危惧して，赤字解消のため売上高を伸ばし事業の拡大をしなければならないという危機感を失わせないようにするため，業務委託料（4％）の変更をすることなく，口頭により3年間金員を追加して支出することとし，名目も業務委託料の追加払いではなく，主要材料費として支出したものである。

このような背景を知ることなく税務調査に及んだ原処分庁（税務署）では，次のような考え方から交際費課税をした。

① 「売上高の4％」という契約が変更されていないのに具体的な計算根拠もなく，追加払いをしているので，業務対価の増額とは認められない。
② このことからすると，追加払い分はB社との取引を拡大するため支払われたもので，税務上の交際費等となる。

確かに，当事者が契約を変更せずに原契約（4％）を超える金額を支払ったものだが，業務の対価に該当しないとはいえず，A社がB社に対して支払った金額（追加払い）は，B社が業務委託料を適正な価額にするよう増額を求め，これに対してA社は事業を継続していくため，その求めに応じて業務委託料を増額する必要があると判断し，本件業務の対価として支出したものと認めるのが相当であるというのが国税不服審判所の裁決であった。

つまり，業務の対価である以上は，原処分庁主張のように交際費等とはならないとしたのである。

また，原処分庁は追加払い分は課税仕入れには該当しないとして消費税を課税したが，国税不服審判所では，「本件金員が本件業務に対する対価と認められることから，本件金員は，事業者が事業として他の者から資産を譲り受け，若しくは借り受け，又は役務の提供を受けることに該当し，課税仕入れと認められ，原処分庁が本件金員を課税仕入れに該当しないとして行った本件消費税等に係る各更正処分は，その全部を取り消すべきである。」とした。

本件は法人税の更正処分及び消費税の更正処分がともに全部取消しとなった事案である。

なお，「争点2」は隠ぺい又は仮装の判断だが，審判所では，これらを判断するまでもなく課税処分（重加算税賦課決定処分）を取り消すとしている。

（結論とその考え方）

本件を検討していて感じたのは，税務調査に当たる税務職員と民間取引の背景との乖離である。

民間における売手と買手（発注側と受注側）の力関係は取引の初期は「金をもらう側」が弱いようである。事例でいえば，B社は仕事が欲しいため，採算の取れない低い取引価額でもこれを承認してしまう。一方，発注側であるA社は取引における優位性を利用して，取引価額を低くするであろう。

つまり，取引は常に適正な時価で行うとは限らないのである。

その後，取引が行われてから数年を経過し，B社は赤字となる取引を是正するためA社に対して取引金額（単価）の増額を要求することになる。この場合はA社は取引の継続を望むから，ある程度B社の要求を受け入れざるを得なくなる。そこで，取引契約の変更が必要となるが，A社としては契約自体を変更すると今後とも不利な取引になるため，契約自体は変更せず，一時的な追加払いで済ませようとする。

このような取引は民間では日常当然のように行われるので，課税庁がこれを知っていれば税務上のトラブルはなくなる。しかし，事例のように契約に基づかない追加払いを交際費とするような調査が行われると争いが生ずる。

幸いに，事例では国税不服審判所が民間の取引に向き合って課税処分を取り消したので訴訟にまで発展することはなかった。

コメント

A社が資材の販売・加工料としてB社から収受した業務委託料を契約を変更せず加算したものを課税庁が受注拡大のための交際費等であるとして更正した事件があった。

受注委託料はB社は売上の10％を要求し，A社は4％に値切ったが，結果はこれで収まらずに追加払いをしたのである。

課税庁はこの追加払いを契約変更もせずに払ったのは業務対価ではなく，交際費であると一方的に認定したのである。A社はこの更正処分が納得できないとして審査請求をしたのである。

A社の金員の追加払いを「受注拡大を期待したもの」と決め付けたのは課税庁の一方的な考え方で，これで更正処分を受けるのは，納税者にとって迷惑な話である。

A社は「仕事が欲しい」ため赤字覚悟で安く取り決めた業務委託料だが，B社が「これでは採算がとれない」と増額を要求し，「仕事をしてくれなくては困る」としてA社がこの要求を受け入れ，契約を変更せずに金員を支払ったに過ぎないのである。

これを交際費と断定したのは，課税庁の誤った事実認定である。

3 売上割戻しにおける損金性の判断

（事　例）

　A社は繊維製品の輸入代行業を営んでいるが，売上先のB社との間に売上割戻契約をし，その割戻金額を損金の額に算入する確定申告書を提出したが，課税庁はその損金算入額を否認する更正処分を行った。

　その理由は，①平成X年2月3日（期末は1月31日）に出力された試算表には割戻金の計上がなく，②相手方との契約書の提出が1か月後であることというものである。

　なお，取引の相手方との契約書では，①割戻金の基準は売上金額の3％，②会計処理は平成X年1月31日（期末）とするとされている。

　割戻金の支払は，期末に「短期貸付金」との相殺によって処理している。

　本事例は平成11年6月21日裁決を参考にしている。

（問題点）

　売上割戻しについては，法人税法に具体的に規定しておらず，一般に公正妥当と認められる会計処理の基準で判断することになる。

　法人税基本通達2－5－1では，売上割戻金額の損金の額への算入時期についてのみその取扱いを定め，そのうち，その算定基準が販売価額又は販売数量によっており，かつ，その算定基準が契約その他の方法により相手方に明示されているものについては，販売した日の属する事業年度において損金の額に算入する旨定めている。

　その考え方は，あらかじめ支給基準が相手方に明示され，かつ，その計算が常に可能であるものは，得意先においてその仕入高等に応じて仕入割戻しがいくらであるかを知り得る状態にあるから，販売した日の属する事業年度で売上割戻しについての債務は確定しているとしたものであり，その取扱いには合理性があり相当と認められる。

　このような考え方と債務確定のあり方を正しくとらえるべきである。

(検討)
(1) 法令規定

　法人税法においては，売上割戻しとは何かについて直接規定したものはなく，取扱いにおいて計上時期を定めているにすぎない。

　売上割戻しそのものの意義については，法人税法においても一般に公正妥当と認められる会計処理の基準に従うものとされるが，その計上時期については，企業会計の慣行が必ずしも確立されているとはいえないので，特に取扱いを置いたものと解される。

　ところで，企業会計においては，売上割戻しを「一定期間に多額または多量の取引をした得意先に対する売上代金の返戻額等」（取扱要綱149）であるとしている。したがって，売上高又は売掛金の回収高等の取引高に応じて各得意先ごとに計算されることを想定していると考えられる。

　売上割戻しの計上時期については次のように定めている。

　このうち，算定基準が販売価額又は販売数量によっており，かつ，その基準が契約その他の方法によって相手方に明示されている売上割戻し（法基通2－5－1(1)）は原則として商品等を販売した日の属する事業年度の損金とすることになる。

　このように，算定基準が企業会計で予定している典型的なものについては，相手方も契約等によって通知又は支払を待つまでもなく請求権を持つことがで

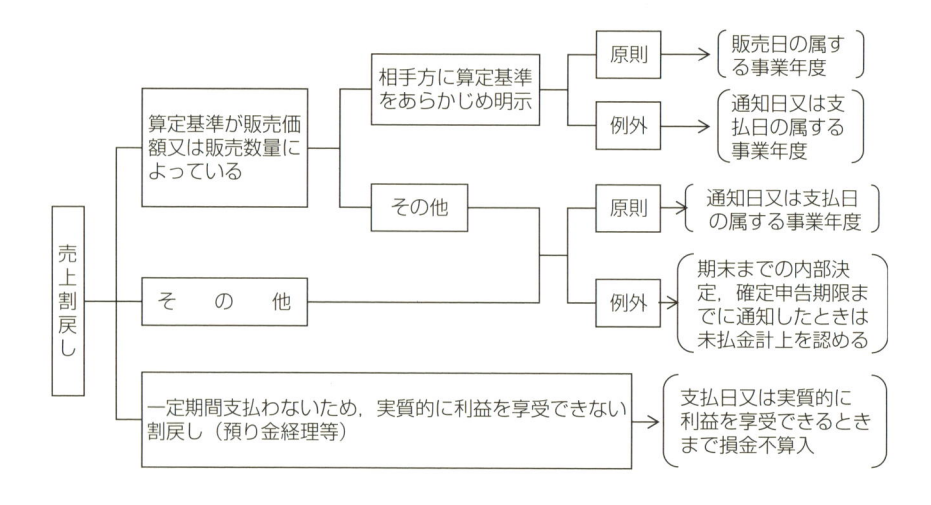

売上割戻し	算定基準が販売価額又は販売数量によっている	相手方に算定基準をあらかじめ明示	原則	販売日の属する事業年度
			例外	通知日又は支払日の属する事業年度
		その他	原則	通知日又は支払日の属する事業年度
			例外	期末までの内部決定，確定申告期限までに通知したときは未払金計上を認める
	一定期間支払わないため，実質的に利益を享受できない割戻し（預り金経理等）			支払日又は実質的に利益を享受できるときまで損金不算入

きるからである。

　契約によると，割戻金は売上金額の3％となっており，その売上金額は事業年度が終了しなければ金額が算定できず，おのずと決算修正項目となるのであって，A法人が決算確定前にコンピュータで出力する試算表には，本件割戻金が計上されていなかったのは，不自然ではなく，原処分庁の本件割戻金が，平成10年2月3日及び同月20日に出力された損益計算書（試算表）に計上されていないから，同年1月31日までに債務が確定していなかったという原処分庁（税務署）の主張は理由がない。

　相手方にとっては，契約によって売上金額の3％相当額は，A社の試算表に計上されていようといまいと，請求できるもので，A社の債務は確定しているのである。

　所得金額の計算は，単なる経理（それも決算修正事項をコンピュータに投入する前の）によって判断すべきではなく，債権・債務の内容によるべきである。

　その経理も，売上割戻しは売上金額の3％となるから，売上割戻しは売上高が確定しなければ計算できず，当然決算修正事項となるので，試算表を基準として判断することは誤りである。

(2) 所得金額の考え方

　課税所得金額は租税法（法人税法）という法律に基づいて行うべきであるから，売上を計上する側では債務として確定しているか否か，仕入を計上する側では債権として相手方に請求できるか否かで判断すべきものである。

　幸いにも，本件は法人税基本通達2－5－1で売上割戻しに計上すべきことが明示されているが，このような通達など存在しなくても，売上割戻しの算定基準が販売数量，販売価額によっており，その基準が要約その他の方法で明示されているのであるから，売上を計上した側は債務として認識し，仕入を計上する側は債権として相手方に請求できるものである。

　にもかかわらず，原処分庁が国税不服審判所で主張したのは次のようであった。

　「本件割戻金が確定したとする本件振替伝票があるにもかかわらず，コンピュータで同年2月3日及び同月20日に出力した損益計算書（試算表）には本件割戻金が計上されていないこと，本件調査の開始直後から再三にわたり本件

割戻金を決定した根拠書類の提出を求めたにもかかわらず，1か月以上経過してから本件各協議書が提出されたのは，本件事業年度末には本件各協議書が存在しなかったことを意味し，本件割戻金が債務として確定していたとは認められない。」

これは，書類提出要求から1か月以内に提出がなければ，根拠書類はないものとみなすという規定がなければ理由にならない。

また，経理責任者は書類の提出要求自体はなく，要求後，直ちに提出したとしている。

(結　論)

租税法律主義の立場から，所得金額は法律上の債権，債務から計算されるべきで，単なる試算表を基礎にすべきではない。

コ　メ　ン　ト

コメントNOW　調査官が税務調査で試算表を調査し，売上割戻の計上がないとして否認したという意見である。しかし，1事業年度を期間とする割戻しの計上は「決算修正事項」とするものであるから試算表に計上されていないのは当然である。

更正処分はこのような調査官の誤りでなされたので取消しは当然である。あきれたことに審査請求でも課税庁は試算表に計上されていないので債務確定はないと主張している。

事業年度を期間とする割戻しは決算修正事項となるから，試算表に計上されないという初期の簿記知識のない更正といえよう。

事　例

4　談合金の背景と定義からみた交際費

（事　例）

　A株式会社は一般土木建築業を営んでおり，B株式会社に工事を外注していたが，課税庁はB社は外注工事を行っておらず，再外注先のC社が外注工事を施行したと認定し，外注費と再外注費の差額は外注先に贈与したものであり，談合金と考えられるからA社の交際費等に該当するとして更正した。

しかし，A社は次のように反論した。

① 　建設業者が建築及び土木工事につき下請業者と工事契約をする場合，発注者は，注文書を発行し，下請業者から請書を徴して契約する。この契約の方法はすべての建設業者共通で，現在の建築，土木業者は，工事監督人を1名ないし2名派遣するだけで，一つの工事を次々と下請させているのが現状である。

　　それは，常時従業員を採用しておく必要がないからである。

② 　本件工事は，次々と下請業者が下請しているが，A社の外注先は，あくまでも外注先であるB社であり，C社はA社とはなんの関係もなく，また，本件外注先がどのような業者といくらの金額で下請契約をするかは，A社の関知しないところである。

　　A社が本件外注先に支払ったのは，請書による工事代金であり，その工事代金の中には，交際費等に相当する金員の贈答はなく，また，贈答する理由もない。

　　この取引についてどのように考えるか。

　　（注）　この事例は平成6年5月9日の国税不服審判所の裁決を参考にしたものであるが，公開されていなかったので情報公開法で開示請求を行って入手したものである。

(問題点)

租税特別措置法関係通達では次のものは交際費等とするとしている（措通61の4(1)－15(10)）。

建築業者が工事の入札等に際して支出するいわゆる談合金その他これに類する費用。

刑法では談合罪は「公正な価格を害し，又は不正の利益を得る目的で競売又は入札の競争者があらかじめお互いに相談し，その1人に競落又は落札させるように約束する」(刑法96の3)としているが「談合とは何か」を定義していない。一般的には談合金は，建築業者等が工事入札等に際して他の業者に支払うもので，その性格は，自己に有利に入札を進めるための不正の請託に関する一種の賄賂のごときものであるところから交際費等とすることにしたのである。

税務でも談合金を巡る事実認定がまず必要となる。

（検　討）

税務の第一線では，通達の取扱いを根拠にして，「談合金即交際費」というような単純な思考で行政執行が行われている。

談合金が違法な支出である以上は，企業は明確に談合金と認められる形態で支出するのではなく，相手方とペーパージョイントしたり，裏ジョイントしながら外注費等として仮装していることが少なくないので，税務調査では，その実態を解明しながら交際費等となるものか否かを判定するべきである。

例えば，A社が事例のようにB社に外注発注しても，その工事をB社が直接施工するのではなく，再外注先のC社に委託。B社は工事監督人1名～2名を配置するだけというのは決して珍しいことではない。

この点について国税不服審判所では，その裁決文において「原処分庁は，本件工事は工事内訳書の添付がなく，本件外注先を介在させて，何ら工事を施工していない本件外注先に本件工事を発注したかのごとく仮装し，実際に工事を施工した再外注先に再発注させることによって，その差額の金額を本件外注先へ贈答したものであるとして，本件外注費差額を談合金とし，交際費等に該当すると主張するが，原処分関係資料中から，本件外注費差額を談合金と認定するに足る直接的な証拠資料又はこれを推認するに足る証拠資料を得ることはできず，当審判所の調査その他による本件全資料をもってしても，交際費等に該

当するとの心証を得るに至らない。」と指摘している。

つまり，租税特別措置法関係通達61の4(1)-15(10)にかかわらず，外注費として支払った金額のうち不正の請託に関するものがある場合に限って交際費と認定する余地が生ずるのである。

建設工事等において外注先Bと再外注先の工事費に差額があるのは当然で，これを直ちに談合金と考えるのは単純すぎる。

例えば，工事を落札した場合，指名落札業者と次点入札業者が共同で工事をしたような形式を採り，指名落札業者が次点入札業者に対して工事の一部を外注に出した形を採って調整金員を支払うこととしている場合は，請負金額と外注費との差額を談合金と考えて交際費課税とする場合はあり得よう。

このように，談合金の支出は，刑法上の犯罪を構成するもので違法な支出金といえる。税務では違法な支出金である故に直ちに損金性を否認するというものではなく，現に企業がそのような支出をする場合があるが，談合金は所定の目的を持って不正な行為により自己の取引を有利に導くための支出と考えられるので，税法上の交際費等に当たるとしているのである。

しかし，事例では外注先が再外注しているだけであるから，その取引額に差額があっても，それは外注先がさらに再外注したという通常の取引によって生じたものであり，そこに交際費と認定すべきものが存在しなければ税務が介入することはない。

事例の場合は更正処分は全部取消しとなったが，当然のことといえよう。

むしろ，問題になるのは，租税特別措置法関係通達の表現である。ここでは交際費等となるものは「建設業者等が工事の入札に際して支出するいわゆる談合金その他これに類する費用」としているのみで，談合金の定義も類する費用の例示もしていない。

実は，この通達を制定した際の国税庁担当者の解説では，「建設業者等が，工事の入札等に際して，他の業者に対していわゆる『談合金』を支払うというような事例がまま見受けられる。談合金の性格は，自己に有利に入札を進めるための不正の請託に関して支払うものであって，いわば一種の賄賂のごときものであるから，税務上は交際費等に該当するというべきである。」としているだけである（『税経通信』Vol.36/No.5/488/1981）。

ここでは，談合金を交際費に該当するとしながらその定義を追究していな

かった。

(結　論)

談合金は刑法でも定義がないので，その適用を巡っては争いがある。税の取扱いでもその取引の内容を念査し，交際費とされて「接待，交際，慰安，贈答等その他これに類するもの」といえるかが検討されなければならない。

コメント

建設業界では，自己が受注した工事をさらに下請に出すという再外注はしばしば行われている。

課税庁はこの取引を談合と決め付け，通達（措通61の41－15⑽）を適用して交際費課税をしたのである。

これは再外注は談合という単純な発想をした課税庁は取引実務をもっと勉強し，通達べったりから卒業してほしい。

外注工事を再外注する場合は差額が生ずるのは当然で，これは談合金ではない。談合金は刑法にも定義はなく，まして通達だけで課税執行するのは考えものである。

第4章 貸倒れ

基 礎 知 識

I　貸倒れの要件と概要

1　概　要

　法人税の取扱いにおいて，貸倒損失の計上を認めるのは，次の3つの場合である。

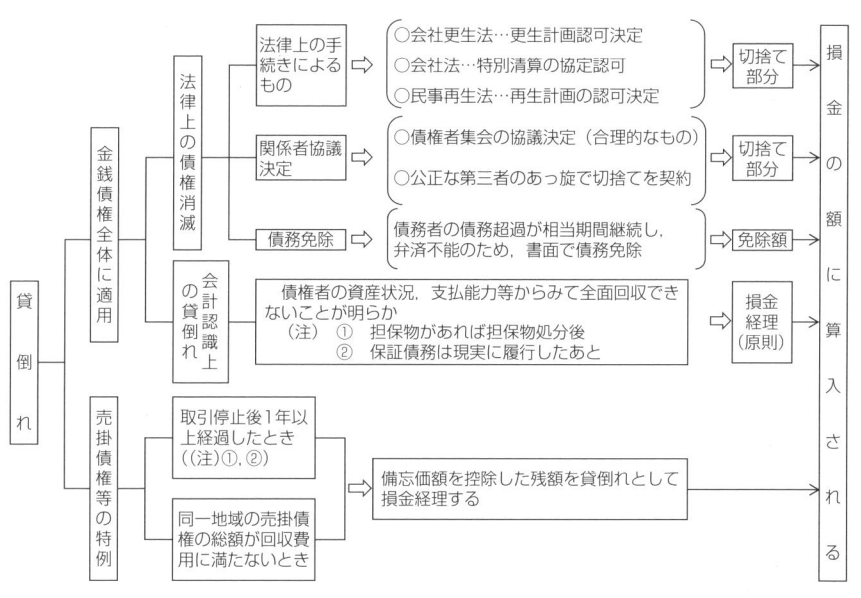

貸倒れ	金銭債権全体に適用	法律上の債権消滅	法律上の手続きによるもの	○会社更生法…更生計画認可決定 ○会社法…特別清算の協定認可 ○民事再生法…再生計画の認可決定	⇒ 切捨て部分	⇒ 損金の額に算入される
			関係者協議決定	○債権者集会の協議決定（合理的なもの） ○公正な第三者のあっ旋で切捨てを契約	⇒ 切捨て部分	
			債務免除	債務者の債務超過が相当期間継続し，弁済不能のため，書面で債務免除	⇒ 免除額	
		会計認識上の貸倒れ		債権者の資産状況，支払能力等からみて全面回収できないことが明らか （注）① 担保物があれば担保物処分後 　　　② 保証債務は現実に履行したあと	⇒ 損金経理（原則）	
	売掛債権等の特例	取引停止後1年以上経過したとき（（注）①，②）		⇒ 備忘価額を控除した残額を貸倒れとして損金経理する		
		同一地域の売掛債権の総額が回収費用に満たないとき				

(注)　①　債務者と取引停止時，最後の弁済期，最後の弁済日のうち最もおそい時から1年以上経過したとき（担保物がある時を除く。）。
　　　②　継続取引で相手先の資産状況，支払能力悪化の取引停止をいうから，たまたまの取引等は適用しない。

① 法律上の金銭債権が消滅した場合のその消滅部分の金額（法基通9－6－1）
② 法律上の金銭債権が存在する場合であっても，全額の回収不能と認められる場合に，法人が原則として会計処理上の認識に関する意思表示（損金経理）をしたときの債権金額（法基通9－6－2）
③ 売掛債権に対する短期消滅時効を配慮し，備忘価額控除後の金額を損金経理したことを前提として，取引停止後1年以上経過した売掛債権及び取立費用に満たない売掛債権の額（法基通9－6－3）

これらの取扱いを一覧してみると，前頁の図のようになる。

2 貸倒れの経理要件

法人税基本通達9－6－1～3における経理要件は次のようになっている。

区　　分	経　理　要　件　等
法基通9－6－1	（法律的金銭債権消滅） 損金の額に算入する。
法基通9－6－2	（会計認識上の貸倒れ） 損金経理することができる。
法基通9－6－3	（売掛債権等の特例） 備忘価額を控除した残額を貸倒れとして損金経理したときは，これを認める。

上記のうち，法人税基本通達9－6－1は法律的に金銭債権が消滅したのであるから，法人が貸倒損失の経理をしていようといまいと絶対的な損金であるから「損金の額に算入する」と表現したのである。一般的には法人が法人税基本通達9－6－1を適用した場合は税務調査で「貸倒処理を否認する」という処理はできない。もっとも，回収可能な金銭債権を放棄したような場合は，「寄附金」という処理はなされよう。

法人税基本通達9－6－2については，解説書等に損金経理を要すると書かれているが，これは誤りである。確かに，昭和55年の改正前までは「損金経理

した場合はこれを認める」とされていたのを「損金経理することができる」と改められたのである。

　この改正理由については，課税庁で，「従来，この場合の回収不能債権の帳簿貸倒れ処理については，回収不能の状態にある限り，いつでも自由にこれを行い得るのではないかという考え方があったようである。

　しかしながら，回収不能が明確になった限りにおいては，直ちに貸倒れ処理を行うというのが商法ないしは企業会計上の考え方であり（商法285ノ4②），いやしくもこれを利益操作の具に利用することは公正妥当な会計処理とは認められないというべきであろう。」（『税経通信』Vol.36/No.5/488頁/1981戸島利夫）と説明している。

　つまり，回収不能が明確になった事業年度で貸倒処理をすべきで，「当期は赤字だから，次の事業年度で」という処理は認めないということであるが，経理処理を「損金経理した場合はこれを認める」から「損金経理することができる」とした理由を事例で考えてみよう。

　平成X年3月でA社がB社に対して有する債権の回収不能が明らかになったが，その事業年度では赤字であったので何の処理もせずに，次の事業年度（平成X+1年3月期）が黒字であったので貸倒れとして損金経理したという場合に，損金経理要件を付していると次のようになってしまう。

①　平成X期は損金経理していないから損金の額に算入しない。
②　平成X+1期は回収不能となったのは前期であるから，後の事業年度である平成X+1期で損金処理しても認めない。

　これでは，A社は永久に貸倒損失とする機会を失ってしまう。そこで，経理要件は「損金経理することができる」としたのである。

3　法律的債権消滅（法基通9－6－1）

　法人の有する金銭債権について次に掲げる場合に該当することになったときのその金額は，金銭債権が法律上も消滅したのであるから，貸倒れとして損金の額に算入される。法人が貸倒処理をしていない場合であっても，税務においてはすすんで損金の額に算入するのである（法基通9－6－1）。

①　更生計画の認可決定又は再生計画認可決定があった場合において，その決定により切捨てられることになった部分の金額

② 特別清算に係る協定の認可があった場合において，これらの決定により切り捨てられることとなった部分の金額
③ 法令の規定によらない関係者間協議決定で，次に掲げるものにより切り捨てられることになった部分の金額
　　④ 債権者集会の協議決定で合理的な基準により債務者の負債整理を定めているもの
　　ロ 行政機関又は金融機関その他の第三者のあっせんによる当事者間の協議により締結された契約でその内容が④に準ずるもの
④ 債務者の債務超過の状態が相当期間継続し，その金銭債権の弁済を受けることができないと認められる場合において，その債務者に対して書面により明らかにされた債務免除額

4　会計認識上の貸倒れ（法基通9－6－2）

　法律的に金銭債権が消滅した場合でなくとも，債務者の資産状況，支払能力等からみて，その全額の回収不能が明らかになった場合において，その明らかになった事業年度において貸倒れとして損金経理することができる（法基通9－6－2）。もっとも，担保物がある場合には，その担保物を処分した後でなければ損金経理することができないし，保証債務については現実にこれを履行した後でなければ貸倒れの対象とはならない（本稿（事例）参照）。
　全額回収不能が要件となっているのは，法人税基本通達9－1－3の2において金銭債権の評価減を禁止していることから，法律的に債権が消滅しない限りは一部の貸倒れを認めないのである。
　また，「資産状況，支払能力からみて」と抽象的に表現したのは，貸倒れに関する事実認定に関し，個々の事案に即した弾力的運用を行うという意味のほか，通常の回収努力も払わずに意識的に貸倒損失にしたというようなものでない限りは，回収不能におちいるまでの動機なり，プロセスを問わないという考え方を表現したものである。
　昭和42年の改正前では，事実認定に関して破産，和議，強制執行，資産の整理，死亡，行方不明，債務超過の状況が相当期間継続し事業再起の見通しがない場合，天災事故，経済事情の急変など対象となる事実が列挙されていたのである。しかし，「このような基準は……一般的には妥当であるが，個々の債権

についてその回収不能を認定するに当っては，この基準は多くの場合厳格すぎるきらいがあり，税務官庁と企業との間にこれを巡って争いが絶えない」（昭和41年11月「税法と企業会計原則との調整に関する意見書」）との批判によって列挙しないで資産状況，支払能力からみて，と抽象的に表現することとしたのである。

取扱通達で「回収不能が明らかになった事業年度」と「損金経理」という2つの要件が付されているが，これを文理的に解釈すると，回収不能が明らかになった事業年度で損金経理しなければ，永久に損金とする余地がないようにも受け取れる。

（注） その後に法律的債権消滅の事実が生ずれば別だが……。

貸倒損失（法基通9－6－2）に対して，通達で「損金経理をすることができる」と表現したことの意義については，「貸倒損失の損金性の立証責任が納税者にあること，経済的貸倒れの発生は，損金経理が要件とされている資産の評価損と同様に，一定の時期に確定的にかつ客観的に明らかにすることは極めて困難であるから，法人が確定決算において，その発生を先ず認識したことを表示すべきことを明らかにしたものと解すべきである。換言すれば，法人がその貸倒れにつき，損金経理をしていない場合には，貸倒損失の発生はないものと推定し，そして，その事実を認定していなかったことを推定するということであろう。」（大淵博義著『法人税法の解釈と実務』）という見解がある。

（注） 傍点は著者（山本）が付した。

現行法人税基本通達9－6－2は，昭和55年に改正されており，それまで「損金経理をした場合には，これを認める」とされていたのを「損金経理をすることができる」と改められたものである。この意味からすると，損金経理を絶対的要件とするものではないとも受け取れる。

5　要件の修正

国税庁では平成24年11月2日にホームページを改訂し，貸倒処理について実質的（弾力的）処理方法を明らかにした。

これは，従来通達等で硬直的に定めていたことを反省したものである。

その意味では，貸倒れについても通達の表現が硬直的であったが，これを実務上の処理として弾力的に改訂されるようになったホームページの記述は評価

したい。

ただし、本来は通達を直すべきで、ホームページだけ改めるのはよくない。これを事例によって解説したい。

(事 例)

〈ケース1〉

A社はB社に対して貸付金5,000万円を有しているがB社は債務超過の状態が相当期間継続し、貸付金の回収が困難であったので、その債権を破棄した。貸倒処理は認められるか。

〈ケース2〉

A社はC社に対する貸付金があるが、B社の所有する土地に抵当権を設定している。しかし、抵当権は第5順位となっており、その土地を処分してもA社に対する配当は見込めない。このためA社のC社に対する貸付金の回収可能性はないが、貸付金の貸倒処理は容認できるか。

〈ケース3〉

A社は甲(個人)に貸付金を有していたが、甲が自己破産としてその債権の回収が困難になった。この貸付金については甲の兄(乙)が連帯保証人になっていたが、乙は生活保護程度の収入しかなく、その有する資産も差押禁止財産(破産法34、民事執行法131)しかないので甲に対する貸付金を貸倒れ処理しようと考えているが税務上容認されるか。

(問題点)

税務上の貸倒れについては、法人税基本通達9-6-1〜3までに記載されているが、いずれも官僚的、硬直的なものであった。

例えば、担保物がある場合はそれを処分した後でなければ貸倒処理を認めない。保証債務は現実に履行後でなければ貸倒れ対象としない。第三者に対する債務免除額も貸倒処理はできない等である。

しかし、担保物の順位が劣後だったり、保証人の保証能力がない場合は基本通達を表面的に適用するわけにはいかない。この点について、国税庁では後ればせながらホームページを改訂したというわけである。

(検　討)

(1) 〈ケース1〉について

　事例の場合の一般的取扱いについては，国税庁ホームページでは，「第三者に対して債務免除を行った場合に，その債務免除額は損金の額に算入できるかということかと思われます。この点，法人の有する金銭債権について，債務者の債務超過の状態が相当期間継続し，その金銭債権の弁済を受けることができないと認められる場合において，その債務者に対し書面により明らかにされた債務免除額は，その明らかにされた日の属する事業年度において貸倒れとして損金の額に算入することとされています（法人税基本通達9－6－1(4)）。」としている。しかし，同時に同ホームページでは，「その債務者が第三者であることをもって無条件に貸倒損失の計上ができるというものではありませんが，第三者に対して債務免除を行う場合には，金銭債権の回収可能性を充分に検討した上で，やむなく債務免除を行うというのが一般的かと思われますので，一般には同通達（法基通9－6－1(4)）の取扱いにより貸倒れとして損金の額に算入されます。」としている。ここでは注書きで「第三者に対して債務免除を行う場合であっても，同通達（法基通9－6－1(4)）に掲げる場合と異なり，金銭債権の弁済を受けることができるにもかかわらず，債務免除を行い，債務者に対して実質的な利益供与を図ったと認められるような場合には，その免除額は税務上貸倒損失には当たらないことになります。」ともしている。

　〈ケース1〉の事例では，B社は債務超過の状態が相当期間継続して回収の見込みがないということであるから貸倒処理は容認される。

　なお，ホームページ注書きで，「『債務者の債務超過の状態が相当期間継続』しているという場合における『相当期間』とは，債権者が債務者の経営状態をみて回収不能かどうかを判断するために必要な合理的な期間をいいますから，形式的に何年ということではなく，個別の事情に応じその期間は異なることになります。」としているが，「相当期間」を従来の庁内の研修で「3年～5年」としていた時代よりもかなり進歩している。

(2) 〈ケース2〉について

　貸倒れの一般的取扱いについては，法人の有する金銭債権につき，その債務者の資産状況，支払能力等からみてその全額が回収できないことが明らかに

なった場合には，その明らかになった事業年度において貸倒れとして損金経理をすることができる（法人税基本通達9－6－2）。

しかし，債権に対して担保物がある場合について国税庁ホームページでは「その担保物の処分後の状況によって回収不能かどうかを判断すべきですから，その担保物を処分し，その処分によって受け入れた金額を控除した残額について，その全額が回収できないかどうかを判定することになります。」としている。しかし，これでは，担保物が劣後であってもその担保物と処分した後でなければ貸倒処理ができないことになってしまう。

幸いなことに，今次のホームページ改訂で「担保物の適正な評価額からみて，その劣後抵当権が名目的なものであり，実質的に全く担保されていないことが明らかである場合には，担保物はないものと取り扱って差し支えありません。」としている。

事例2では担保物が第5順位で，担保物を処分しても配当が見込めないのであるから貸倒処理は容認されよう。

(3) 〈ケース3〉について

〈ケース3〉の場合は金銭債権に保証人がいる場合について，国税庁のホームページでは，「保証人があるときには，保証人からも回収できないときに貸倒処理ができます。」と簡単な回答になっている。

ただ，〈ケース3〉の事情からみると，①保証人の収入は生活保護と変わらない，②有する資産は差押禁止財産（破産法34，民事執行法131）となっているというのであるから実質的に保証人からの回収が見込めない（債務者は自己破産）のであるから貸倒処理は容認されよう。

なお(1)～(3)についてホームページは改訂したが通達は直していないのが，問題である。

6　売掛債権の特例（法基通9－6－3）

売掛債権等（売掛金，未収請負金その他これらに準ずる債務をいい，貸付金その他これに準ずる債権を含まない。）については，短期消滅時効制度（民法173，174）があり，債務者が事業を継続していても殆ど回収が絶望に近い場合及び取立が経済的に成り立たない場合について定めたものである。

すなわち、債務者について次に掲げる事実が発生した場合には、その債務者に対して有する売掛債権の額から備忘価額を控除した残額を貸倒れとして損金経理を認めている（法基通9－6－3）。

① 債務者と取引の停止をした時（最後の弁済期又は最後の弁済の時がその停止をしたとき以後である場合は、これらのうち最も遅いときから起算する。）から1年以上経過したとき（担保物がある場合を除く。）
② その法人が同一地域において有する売掛債権の総額が、その取立てのために要する旅費その他の費用に満たない場合において、その債務者に対し支払を督促したにもかかわらず弁済がないとき

①については、継続取引をしていた場合に、その債務者の資産状況、支払能力等が悪化したために取引停止をした場合を予定しているもので、例えば、不動産取引のようにたまたま取引を行った債務者に対するその取引に係る売掛債権については適用されない。

また、あくまで売掛債権に限るから、発生当時は売掛金であったものを、後日貸借契約に切り替えた場合は対象とならないと解すべきである。

なお、備忘価額要件を付したのは、売掛債権のように大量回帰的に生ずる金銭債権の貸倒れの実態というものを踏まえて、執行上いわば便宜的に一定の基準で償却を認めるものであるから、この取扱いを受けたもののなかでも現実に回収できる部分がある場合が少なくなく、その場合に簿外資産が生ずる恐れがあり事後の回収についての不正計算を防止する意味である。

7　新しい解釈基準を示した判決（興銀事件）

法人税基本通達9－6－2では、貸倒れとするか否かは債務者の資産状況、支払能力等から判断することになっている。しかし、平成16年12月24日の最高裁第二小法廷判決では、債務者の事情だけではなく、債権者側の事情や経済的環境も踏まえて判断しなければならないという判示を行った。

これについての高裁段階の判決では、債権者を同一の地位にあると判断した場合には、計数的には債権の全額回収は可能であるし、「旧日本興業銀行が母体行として社会的、道義的にみて本件債権を行使し難い状況が生じつつあったといえても、本件債権が法的に非母体金融機関の債権に劣後するものとなっていたとはいえない。」として貸倒れを否認した。この考え方の背後には貸倒れ

か否かを判定する場合は，専ら債務者側の事情だけで判断するという古い考え方があったようである。

　税務訴訟をめぐる古い考え方では，訴訟で勝つか負けるかは高裁段階が分かれ目であり，最高裁は憲法違反など一定のものしか受け付けないから高裁判決を最終なものとして覚悟しようということであった。

　しかし，最近の租税訴訟では上告審（最高裁）で納税者が逆転勝訴することが少なくない。これは高裁までは裁判官はしょせん官僚であるが，最高裁では弁護士出身者も裁判官になっており，民間の感覚が強く出るからである。

（注）　裁判長滝井繁男氏（元大阪弁護士会会長）

　旧日本興業銀行事件も最高裁で納税者が逆転勝訴したものであり，貸倒れの認定をめぐり，債務者だけの事情だけではなく，債権者側の事情，経済的環境も考慮するという民間の血が入った判決となった。

　この事件では，住宅金融専門会社（A社）の設立母体である銀行（旧日本興業銀行）が，A社の経営が破たんしたため放棄した同社に対する貸付債権につき，その全額が，当時回収不能となっており，法人税法22条3項3号にいう「当該事業年度の損失の額」として損金の額に算入されるべきであるか否かが争われたものである。

　この事件でA社の設立母体5社（旧日本興業銀行，D銀行，証券会社3社）は，平成8年3月29日，旧日本興業銀行，D銀行及び一般行の債権放棄額を確認し，旧日本興業銀行とD銀行は，A社の営業譲渡の日までに同債権放棄額に対応する貸出債権を全額放棄するものとすることを確認する旨の書面を作成し，旧日本興業銀行は，同月29日，A社との間で債権放棄約定書を取り交わし，A社の営業譲渡の実行及び解散の登記が同年12月末日までに行われないことを解除条件として本件債権を放棄する旨の合意をした。

　これによって旧日本興業銀行は，A社に対する貸倒損失を計上したが，課税庁はこれを否認する更正を行い，これが争いとなったのである。

　これに対して，最高裁第二小法廷では，「法人の各事業年度の所得の金額の計算において，金銭債権の貸倒損失を法人税法22条3項3号にいう『当該事業年度の損失の額』として当該事業年度の損金の額に算入するためには，当該金銭債権の全額が回収不能であることを要すると解される。そして，その全額が回収不能であることは客観的に明らかでなければならないが，そのことは，債

務者の資産状況，支払能力等の債務者側の事情のみならず，債権回収に必要な労力，債権額と取立費用との比較衡量，債権回収を強行することによって生ずる他の債権者とのあつれきなどによる経営的損失等といった債権者側の事情，経済的環境等も踏まえ，社会通念に従って総合的に判断されるべきものである。」とした。

ここでは，A社の母体行である旧日本興業銀行が非母体金融機関に対して，債権額に応じた損失の平等負担を主張することは社会通念上不可能であり，A社の資産等の状況からすると本件債権金額の回収不能は客観的に明らかであり，しかも，「このことは，本件債権放棄が解除条件付でされたことによって左右されるものではない。」としている。

回収不能の金銭債権の貸倒れを定めた法人税基本通達9－6－2では「法人の有する金銭債権につき，その債権者の資産状況，支払能力等からみてその全額が回収できないことが明らかになった場合には，その明らかになった事業年度において貸倒れとして損金経理をすることができる。」としている。

この場合の取扱いを適用する場合，「債務者の資産状況，支払能力等からみて金銭債権の全額が回収できないことが明らかになった」かどうかの事実認定については，「例えば，債務者について破産，強制和議，強制執行，整理，死亡，行方不明，債務超過，天災事故，経済事情の急変等の事実が発生したため回収の見込みがない場合のほか，債務者についてこれらの事実が生じていない場合であっても，その資産状況等のいかんによっては，これに該当するものとして取り扱う等弾力的に行われるべきと考えられる」（『法人税基本通達逐条解説』）とされているが，ここでは，専ら債務者側の事情については考慮されているが，最高裁判決でいう「債権者の事情及び経済環境」については考慮されていない。

例えば，債務者P社の債権者会議が開かれ，債権者代表Q社（親会社）から債権の70％一律カットが提案されたとしよう。これに対して出席債権者は，親会社の責任で，Q社の債権は全額カットとし，不足分については親会社以外の債権者は50％カットと逆提案し，これが可決されたとしよう。

これなどは債権者側の事情，経済環境などが配慮されたものといえよう。債権者が均一の立場で債権放棄をしなければならないという硬直的な考え方は通用しないだろう。

貸倒処理を弾力的に行うためには，通達等に依存するのではなく，債権者，

債務者双方の関係やそれぞれの事情，経済環境等が配慮されなければならないということだろう。

　しかし，国税庁では，判例解説における「『金銭債権の全額が回収可能であるかどうかが債務者の支払能力に大きく依存する以上，回収不能であることが客観的に明らかであるかどうかを判断する上で，債務者側の事情が一般的には大きな比重を占めることは否定し難いであろう。どのような事情がどの程度の重みをもって考慮されるべきかは，個別，具体的な事案における社会通念に従った総合的な判断によって決せられるべきものと考えられる。』と述べられている（最高裁判所判例解説民事篇平成16年度（下）845頁）」のを基礎にして，「一般的には，回収不能かどうかは第一義的には債務者側の事情により判断することとなるであろうし，本判決が住専処理問題という特異な状況を背景としたものであることを踏まえると，債務者側の事情のみでは回収不能かどうかを判断することができない事情があるかどうかも個別具体の事例に即して慎重に見極める必要があろう。」（『法人税基本通達逐条解説』）として債務者中心として貸倒れを判断する通達の表現を変えていない。この点は最高裁判決を尊重して債権者の事情も配慮すべきだとする民間の考え方と合致していない。

　この訴訟において最高裁の裁判長を務めた滝井繁男氏はその著書『最高裁は変わったか』（岩波書店）で次のように述べている。

　「この事件は，旧興銀が設立母体となった住宅金融専門会社（住専）に対してもっていた債権を貸倒れ処理したところ，その時点では，債務者たる住専には一定の資産があって，法的には回収が不可能ではなかったことから，税務署が興銀のしたこの貸倒れ処理を否認したというものである。回収の可能性を債務者の資力をもとに判断する従来の考えに従えば，興銀が貸倒れ処理をした時点では，回収不能ではない以上，貸倒れとは言えないというのが税務署の主張であり，これを支持した原審（高裁）も同じ考えであった。しかし，当時，旧興銀は，それまでに，破綻した住専の母体金融機関としての責任を他の住専債権者から厳しく問われるという状況にあった。そうしたなかで，自行の住専に対する債権を放棄することを前提に住専を整理するということで関係者との協議が実質的に整い，その前提で住専問題全体の処理のスキームができあがった上での債権放棄であった。そのことを無視して，他の債権者と肩を並べて債権の回収を強行することは，法的には可能であっても，そうすればそのことの

もたらす影響，混乱は無視し得ないという状況にあったことをどうみるかである。

　最高裁は，このような場合には，法的には回収が可能ではあっても現実的には可能とは言えないことから，それが可能かどうかは，債権者側の事情や当時の経済環境などを考え合わせて社会通念によって総合判断されるべきだという考えを示して，旧興銀の貸倒れ処理を正当とする主張を容れたのである。

　この判決は，回収不能の判断において，債務者側の事情の他に考慮されるべき債権者側の事情として，債権回収に必要な労力，債権額と取立費用との比較衡量，債権回収を強行することによって生ずる他の債権者とのあつれきによる経営的損失等を例示し，これと当時の経済的環境を併せ考えて社会通念によって現実の回収の可能性を総合的に判断すべきものだとした。

　このような考え方は従来も限定的な形で示されることが全くなかったわけではない。しかし，極めて大きな金額の債権の回収の可能性に債務者の資力以外の事情をも考慮すべき場合があることをこのような形で明示したことで注目を集めた。この事件は，とかく，通達の機械的運用が租税実務を支配していると言われるなかで，回収不能という事実を社会通念で解釈することを示したものであって，従来税務当局と司法の場で争うことの少なかった大企業が大型租税訴訟を起こすさきがけとなったとも言われている。同時に，このような判断が出て，問題を司法の場で解決するという納税者の姿勢が明確になると，課税庁の対応にも一定の影響を与えることになるのではないかと思われる。」

事例解説

Ⅱ 事例でみる貸倒れ

1 事例の内容

税務調査において貸倒れとして損金算入した処理が否定され，国税不服審判所の審査請求で全部取り消しとなって，更正処分が取り消される例が少なくないが，そのほとんどが不開示となっている。これらのうち，TAINSで情報公開法により公開された事例を中心にその内容を取り上げてみた。

事 例

2 貸倒れにおける適用要件の差異

(事　例)

　A社はB社に対して金銭債権を有しているが，B社は銀行取引が停止され，多額な債務超過が継続しており，休業状態にあり，また，繰り返し土地を譲渡しているが多額な譲渡損失が発生していることから，所有している土地の価値は大幅に下落し，その資産内容はきわめて悪い状況にあり，債務超過の状態が相当期間継続していたことが認められる。A社はB社に対する金銭債権につき，担保物を有していないことからすると，B社はA社の金銭債権を返済する資力はないと認められ，平成X年3月期にA社が金銭債権を回収不能な債権として貸倒損失として損金経理した。

　一方，課税庁は，A社の議事録に債権放棄の記載がないこと，B社に対する債務免除の通知書が送付されていないこと等の理由でA社のB社に対する貸倒損失の処理を否認して更正した。

　これをどのように解すべきか。

(問題点)

実務上の適用要件が（法律的金銭債権の消滅の場合）と（会計認識上の貸倒れ）とでは全く異なることを認識すべきである。

(検　討)

租税法律主義があるにもかかわらず、我が国の法人税法には貸倒損失の要件等について規定がなく、わずかに法人税基本通達9－6－1～3に取扱いを置いているにすぎない。

この点について課税庁執筆の書籍（『法人税基本通達逐条解説』）によると、「法人の有する金銭債権について貸倒れが生じた場合の貸倒損失は、法人税の所得の金額の計算上は法第22条第3項の規定により損金の額に算入されるが、金銭債権が貸倒れとなったかどうかの事実認定はかなり難しい面もあるので、従来から取扱いにおいて貸倒れの判定に関する一般的な基準が定められている。」としているにすぎない。

これによると、「貸倒れの事実認定はかなり難しい」というのが通達に定める理由になっているが、これらの貸倒損失は次のように分類される。

① 法律上の金銭債権が消滅した場合のその消滅部分の金額（法基通9－6－1）
② 法律上の金銭債権が存在する場合であっても、金額が回収不能と認められる場合に、法人が原則として会計処理上の認識に関する意思表示（損金経理）をしたときの債権金額（法基通9－6－2）
③ 売掛債権に対する短期消滅時効を配慮し、備忘価額控除後の金額を損金経理したことを前提として、取引停止後1年以上経過した売掛債権及び取立費用に満たない売掛債権の額（法基通9－6－3）

これらの通達のうち、経理要件を定めたのは次のとおりである。

注意したいのは、経理要件は課税庁のいうような事実認定ではなく、立派な課税要件であるから法律で定めなくてはならないのである。

事案で課税庁が主張しているのは法人税基本通達9－6－1(4)における「書面により明らかにされた債務免除額」だから「債権放棄の記載がない」「債務免除の通知書が送付されていない」と主張しているのである。しかし、法人が適用しようとしているのは、法人税基本通達9－6－2である。ここでは次の

ような取扱いであり、「債権放棄」「債務免除」とは関係がない。

区　分	経理要件等
法基通9－6－1	（法律的金銭債権消滅） 損金の額に算入する。
法基通9－6－2	（会計認識上の貸倒れ） 損金経理することができる。
法基通9－6－3	（売掛債権等の特例） 備忘価額を控除した残額を貸倒れとして損金経理したときは、これを認める。

> **（回収不能の金銭債権の貸倒れ）**
> 9－6－2　法人の有する金銭債権につき、その債務者の資産状況、支払能力等からみてその全額が回収できないことが明らかになった場合には、その明らかになった事業年度において貸倒れとして損金経理をすることができる。この場合において、当該金銭債権について担保物があるときは、その担保物を処分した後でなければ貸倒れとして損金経理をすることはできないものとする。
> 　（注）　保証債務は、現実にこれを履行した後でなければ貸倒れの対象にすることはできないことに留意する。

　このため、国税不服審判所（平成14年2月5日裁決）では、まず、貸倒損失の計上については、「法人税法第22条（各事業年度の所得の金額の計算）第3項第3号は、当該事業年度の損失の額で資本等取引以外の取引に係るものは損金の額に算入される旨を、同上第4項では、その損金の額に算入される額は一般に公正妥当と認められる会計処理の基準に従って計算する旨規定している。
　したがって、法人の有する金銭債権が債務者の債務超過等によって貸倒れになった場合には損金の額に算入されるのであるが、その判断基準は、法人の有する金銭債権につき、その債務者の資産状況、支払能力等からみてその全額が回収できないことが明らかになった場合に、その明らかになった事業年度にお

いて貸倒れとして損金経理することができると解するのが相当である。」としている。

また，課税庁の主張する議事録における債権放棄の記載や債務免除通知書については，「原処分庁は，本件議事録に記載された債権放棄の記録は後日に追加記載されたものであり，債務免除通知書も送付されていないから，請求人が債権放棄をした事実はない旨主張する。

しかしながら，本件のように債務者に破産，債務超過等の事実が実質的に存在し，債権の回収が見込まれないような場合には損金経理による貸倒損失の計上が認められるから，本件議事録に債権放棄の記載があるか否か，あるいは債務免除通知書を債務者に送付したか否かといった形式的な事実をもって判断すべきではない。」としている。

つまり，法人税基本通達9－6－2の会計認識上の貸倒れとする場合は，法人税基本通達9－6－1(4)（法律的金銭債権の消滅）の要件は必要ないのである。

(結　論)

課税要件を具体的に法律に規定し，通達は取扱いだけを示せば，事案の課税庁のような解釈上の誤解はなくてすんだと思われる。通達も法人税基本通達9－6－1と法人税基本通達9－6－2は適用要件が異なる。

事例の裁決では更正処分が全部取消しとなっている。

コメント

わが国の税法では，いかなる場合に貸倒れを認めるかについて法令上の規定がなく，法人税基本通達9－6－1～3に取扱いを定めているだけである。これは課税要件法定主義に反する。

事例の貸倒れ金否認の根拠は「債務免除の通知がない」「債権放棄がない」の2点である。これは次のような法人税基本通達9－6－1(4)を根拠にしたものであろう。

(4) 債務者の債務超過の状態が相当期間継続し，その金銭債権の弁済を受けることができないと認められる場合において，その債務者に対し書面により明らかにされた債務免除額

　しかし，法人は金銭債権の消滅を前提とする法人税基本通達 9 - 6 - 1 を適用したのではなく，会計認識上の貸倒れである法人税基本通達 9 - 6 - 2 を適用したのであるから「債権放棄」や「債務免除」という課税要件が付されていない。
　これは課税庁の課税要件適用の明らかな誤りである。
　このような場合は納税者やその代理人は，調査官に課税要件の明示を要求していれば更正等はなかったはずである。
　また，このような課税要件の適用ミスは課税庁の勉強不足といえよう。

第5章 その他

基礎知識

第1節　収益事業

I　課税の考え方と正当な競争原理

1　収益事業課税の経緯

　公益法人等に対する収益事業課税は、宗教法人、労働組合を除いて昭和25年の税制改正によって設けられたものである。労働組合については、旧労働組合法（昭和20年法律第51号）第18条において「法人タル労働組合ニハ命令ノ定ムル所ニ依リ所得税及法人税ヲ課セズ」と規定していたが、同法施行令（昭和21年勅令第108号）第31条において「法人タル労働組合ノ所得ニシテ収益ヲ目的トスル事業ヨリ生ジタルモノ以外ノモノニ付テハ法第18条ノ規定ニ依リ所得税及法人税ヲ課税セズ」としているから、昭和24年税制改正前に、すでに収益事業に対する課税制度があったのである。宗教法人についても宗教法人令（昭和20年勅令第701号）において収益を目的とする事業から生じた所得に対して法人税及び所得税が課されていた。

　労働組合及び宗教法人以外の公益法人等については、シャウプ勧告に基づく昭和25年の税制改正において収益事業の課税が行われることになったのであるが、それに先き立って、昭和24年7月24日付で、大蔵省主税局からシャウプ使節団に次のような資料が提出されている。

　3　収益事業を営む公益法人に対する課税について（昭和24年7月20日）
　　公益を目的として設立された法人であっても、私企業と全く同様の収益事業を営むものについては、公正な競争を行はしめる等の見地から、その

収益事業から生じた所得については，あらたに次の要領により課税すること。
① 収益事業から生ずる所得についてのみ普通所得に対する法人税を課する。
② 超過所得に対する法人税及び清算所得に対する法人税は，公益法人には資本金の観念がないから，これを課さないこととする。
③ 都道府県，市町村その他地方公共団体が収益事業を営む場合においては，その収益事業から生じた所得に対しては，課税しない。

これを受けてシャウプ使節団は，「非課税法人の収益事業によって得られる所得は，明らかに法人税の課税対象となるべきである」と勧告したが，その理由については，「一般法人との公正な競争原理を働かせる」というほかに「このような非課税法人の上げる利益金は，その活動をさらに拡張するか，または饗宴（エンターテイメント）のために消費されている」という実情を指摘している。

さらに，昭和32年には，人格のない社団等に対する収益事業の課税を行うとともに，特掲事業の追加を行ったが，この改正の際の衆議院における修正で「継続して事業場を設けて営む」という要件が付され，大衆団体に対して課税がなされないような手当がされたものである。

シャウプ勧告では，法人税の免除を行う権限を大蔵省に与え，その資格を3年ごとに審査して免税証明書を大蔵省が交付するように要求したが，「……到底その仕事はむづかしいと考えますので……物品販売業とか製造業とかそういう業種を政令ではっきり規定いたしまして……」（昭和25年1月27日参議院，大蔵委員会，平田政府委員）という考え方で，政令において課税対象となる収益事業のみを限定列挙したものである。限定列挙された事業も，昭和22年に現在の事業税に移行して廃止された旧営業税法において課税営業として特掲されていた29業種をそのまま法人税法上の収益事業として規定したが，その後数次の改正を加え，現在では，34業種となっている。

収益事業の範囲は，このように旧営業税法の課税事業を基準とし，これに若干の追加を行うなど便宜的な手法によったため，真に課税すべき事業が抽出されないなど多くの問題点を抱えている。

この点について，税制調査会では，「課税対象となる収益事業の範囲については，これまでもその見直しが行われ，現在，物品販売業，金銭貸付業，不動産貸付業等33種類の事業が課税対象とされているが，今後とも，一般法人との間で課税の不公平が生じないように実態に即した見直しを行っていくべきである。」（「税制の抜本的見直しについての答申」昭和61年10月28日）としている。

　平成8年11月の法人課税小委員会報告では「公益法人等の行っている事業の実態を把握し，現在収益事業とされていない事業であっても民間企業と競合関係にあるものについては，これを随時収益事業の範囲に追加していくべきである。しかし，そうした対応に限界があるとすれば，対価を得て行う事業は原則として課税対象とし，一定の要件に該当する事業は課税しないこととするといった見直しを行うことも考えられる。」と指摘したため，平成10年度改正に際して大蔵省では，「現行の34の収益事業のほか，継続的に対価を得て行う事業は，収益事業に該当するものとする。ただし，法令の規定に基づき国からの委託を受けて行う事業，国・地方公共団体からの補助金の交付を受けて行う事業，学校法人等が行う一定の教授に関する事業等は，収益事業から除外する。」という案を自民党税調に提出したが，容認されず見送りになっている。

　課税対象法人の振り分け及び原則課税，非課税所得のみ掲名という課税手法等については，税制調査会でも議論を続けているが，結論は出ていない。中期的な検討事項となるようである。

2　収益事業に課税する理由

　法人税が法人を通してその構成員である株主等に対して課税するという考え方からすれば，公益法人等の全所得に対して前取り所得税たる法人税を課する必要はない。

　しかし，公益法人等や人格のない社団等が普通法人等と同じように営利事業を営んでいる場合は，この所得が国又は地方公共団体に帰属しない限りはこれを非課税とすると課税の公平が失われる。

　そこで，事業活動が一般の営利法人と競合する場合は公平原則が働き，収益事業から生ずる所得に対して課税するのである。

3　収益事業

収益事業とは，販売業，製造業その他の政令で定める事業で，継続して事業場を設けて営まれる事業をいう（法２十三）とされており，その事業は次のように限定列挙されている（令５①）。

（注）　その性質上付随して行われる行為は含まれる。

収益事業の種類	具体的な取扱い
1．物品販売業	動植物その他通常物品といわないものの販売を含む。
2．不動産販売業	
3．金銭貸付業	構成員等の拠出資金を主たる源資として構成員等を対象とする金銭貸付で，利率がすべて年7.3％以下のものを除く。
4．物品貸付業	動植物その他通常物品といわないものの貸付を含む。
5．不動産貸付業	広告のため屋上や壁面を貸付ける行為を含む。住宅用地を貸付ける場合で，貸付料がその土地の固定資産税額及び都市計画税額の合計額の３倍以下であれば課税されない。
6．製造業	
7．通信業	放送業を含む。赤電話などを含む。
8．運送業	運送取扱業を含む。
9．倉庫業	寄託を受けた物品を保管する業を含む（駐車場業に該当するものを除く）。
10．請負業	事務処理の委託を受ける業を含む。ただし実費弁償方式により行われるもので，おおむね５年間ごとに税務署長等の確認を受けたものを除く。
11．印刷業	謄写印刷，タイプ孔版印刷，複写などを含む。
12．出版業	出版物の取次は物品販売業に該当する。
13．写真業	現像・焼付等（その取次を含む）を含む。
14．席貸業	(1)　不特定または多数の者の娯楽・遊興・慰安を目的として施設を利用させるもの。

14. 席貸業	(2) (1)以外の席貸しで，次の①〜④以外のもの 　① 国又は地方公共団体の用に供するための席貸し 　② 社会福祉法第2条第1項（定義）に規定する社会福祉事業として行われる席貸し 　③ 学校法人，専修学校，各種学校又は職業訓練法人がその主たる目的とする業務に関連して行う席貸し 　④ 法人がその主たる業務に関連して行う席貸業で，その法人の会員その他これに準ずる者(間接構成員等を含む)の用に供するためのもののうちその利用の対価の額が実費の範囲を超えないもの。	
15. 旅館業	宿泊料を受けて宿泊させるものを含む。ただし，研修や公益法人等の主たる目的を遂行するための施設で，その目的に関連した利用であり，その施設が多人数で共用する構造・施設を主としているものであって，宿泊料が1泊1,000円（2食付1,500円）以下であれば課税されない。	
16. 料理店業その他の飲食店業	他の者から仕出しを受けて飲食物を提供するものが含まれる。	
17. 周旋業	他の者のために，商行為以外の行為の媒介，代理，取次等を行う事業をいう(不動産仲介，職業紹介所，結婚相談所など)。	
18. 代理業	他の者のために商行為の代理を行う事業をいう(保険代理店，旅行代理店など)。	
19. 仲立業	他の者のために商行為の媒介を行う事業をいう（商品売買等の仲介・あっせんなど)。	
20. 問屋業	自己の名をもって他のために売買その他の行為を行う事業（いわゆる取次業）をいう。	
21. 鉱業		
22. 土石採取業		
23. 浴場業		
24. 理容業		
25. 美容業		

26.	興行業	興業の媒介。取次を含む。アマチュアを出演者とする興行でその経費を賄う程度の低廉な入場料のものなど一定の場合は課税されない。
27.	遊技所業	
28.	遊覧所業	
29.	医療保健業	
30.	技芸教授業	洋裁，和裁，着物の着付，編物，手芸，料理，理容，美容，茶道，生花，演劇，演芸，舞踊，舞踏，音楽，自動車操縦，小型船舶の操縦，絵画，書道，写真，工芸，デザイン（レタリングを含む），予備校，進学塾，学習塾のように，学校の入学者を選抜するための学力試験に備えるため若しくは学校教育の補習のための学力の教授（通信教育を含む）および公学力試験に限る。
		国家資格に関する試験事業又は登録事業で一定の要件を満たすものは除外する。
31.	駐車場業	駐車場所としての土地の貸付が含まれる。
32.	信用保証業	保証契約ごとの保証料が，保証金額に対し年2％以下であれば課税されない。
33.	無体財産権の提供等の事業	工業所有権その他の技術に関する権利又は著作権（出版権及び著作隣接権その他これに準ずるものを含む）の譲渡又は提供（無体財産権の提供等という）で次に掲げるもの以外のもの。 ① 国又は地方公共団体に対して行われるもの ② 宇宙開発事業団，海洋科学技術センターその他特別の法令によって設立された法人で大蔵省令で定めるものが，その業務として行うもの ③ その主たる目的とする事業に要する経費の大部分が無体財産権の提供に係る収益に依存している公益法人等として財務省令で定めるものが行うもの
34.	労働者派遣業	自己の雇用する者その他の者を，他の者の指揮命令を受けて，他の者のために他の者の行う事業に従事させる事業をいう。

事 例 解 説

Ⅱ　事例でみる収益事業

1　事例の内容

　税務調査において収益事業として課税対象とされ，国税不服審判所の審査請求で更正処分の全部取り消しとなった例が少なくないが，そのほとんどが不開示となっている。これらのうち，TAINSで情報公開法により公開された事例を中心にその内容を取り上げてみた。

事　例

2　収益事業にみる法解釈のあり方

（事　例）
　A法人は墓地の開発，供給及び管理運営等（霊園事業）を営む公益法人等（法人税法第2条第6号）である。A法人が霊園事業から生ずる収入は次のようなものである。
　① 　墳墓地の貸付収入
　② 　礼拝堂，休憩所の貸付収入
　③ 　永代使用権に係る承継，名義変更等の収入
　④ 　個別墓所の代行サービスの収入
　また，上記の①～④とは別に墓地使用者から管理料（霊園内の共通使用分の清掃・環境の整備等の霊園の管理及び事務管理に要する費用に充てるもの）を収受している。
　これに対して課税庁は管理料は非課税となる不動産貸付業ではなく，請負業として課税されるとして更正した。
　この処分をどのように考えるか。

(注) 本事例は平成14年2月28日の国税不服審判所の裁決を参考にしている。なお，この裁決は非公開だが，情報公開法により開示請求をしている。

(問題点)

法人税法第4条第1項及び同法第7条によれば，内国法人である公益法人等は，収益事業を営む場合に限り，その収益事業から生じた所得について法人税を納める義務がある。

しかし，その収益事業の範囲を具体的に判断する場合はどのような解釈態度が必要であるか。また，その収益事業のひとつとされている請負業と判断する基準は何かを解明する必要がある。

(検 討)

(1) 課税庁の主張

課税庁は，管理料収入は本件霊園の運営に当たり，霊園使用者から管理料を収受して行う管理業務は非課税たる不動産貸付業に該当しないで請負業であると判断した。

つまり，本件管理料は，本件霊園の管理及び事務管理に要する費用をいい，個別墓所の永代使用権を保証するための永代使用料とは異なるのであるから，本件管理料を収受して行う事業は，その性質上，墳墓地貸付業という永代使用料を収受する事業の付随行為には含まれず，その事業と一体不可分のものと認定できないというわけである。

さらに，管理料を請負業の収入とする根拠として，法人税法第2条第13号による収益事業に該当する請負業とは，一定のもの以外の請負業をいう旨規定していると主張した。

(2) A法人の主張

A法人は，「法人税基本通達15-1-18（非課税とされる墳墓地の貸付け）の定めによれば，A法人の行う墳墓地の貸付けが，不動産貸付業のうち非収益事業とされている墳墓地貸付業に当たることは明らかである。本件管理業務が収益事業に当たるかどうかは，A法人の本来の事業である墳墓地貸付業の性格によって判定すべきであり，課税庁が，本件管理業務のみを取り出して，請負

業に該当すると認定したことは誤りである」と主張した。

　法人税法第5条及び政令では請負業を明確に規定しておらず、民法等から考えると次のようになる。

　「請負契約は、当事者の一方が仕事の完成を約し、相手方がその約した仕事の結果に対して報酬を支払うことを約する契約である。

　請負に関する報酬の請求権は、仕事を完成してその目的物を相手方に引渡した時（物の引渡しを要しないときは、約した仕事を完了した時）に発生することとされている（民法632－633）。

　法律的には諾成契約であり、建設請負、運送等が典型的なものであるが、他人の委託を受けて行う測量、設計、企画、試験研究等が含まれ、有形であると無形であるとを問わない。」（拙者『体系法人税法』256頁）

　課税庁では、霊園使用者が共用施設の管理をA社が請け負っていることを知り得、これを了解した上で霊園の申込みをしていることを理由として、本件管理業務は請負業に該当するとしたが、納税者は、本件管理業務は共用施設の貸付けであり、墳墓地貸付業に係る、施行令第5条第1項本文のかっこ書に規定する「その性質上その事業に付随して行われる行為」（以下「付随行為」という。）であるから、請負業とはならないと主張した。

(3) 審判所の判断

　審判所は、収益事業の判断を行う課税庁に対して、「公益法人等に対しても、収益事業から生ずる所得に課税することとした趣旨は、一般私企業との競合関係の調整や課税上の公平の維持など、専ら税制固有の理由から「制限納税義務」を負わせしめることとしたものと解されるから、公益法人等が営む事業が収益事業に該当するか否かについては、むやみにその範囲を拡大して解釈することは相当でない。」として解釈のあり方を示した。

　結果としては、本件管理料を墓所の面積に応じて徴しているものの、①A法人は、本件霊園において墳墓地貸付業以外にも種々の事業を営んでいること、②本件使用規則には、本件管理料が本件霊園内の本件共用施設の清掃・環境の整備等の管理及び事務管理に要する費用を支弁するためのものであることが明記されていること及び③本件共用施設は、本件霊園内における共通使用部分が対象となっていることを考え合わせると、本件管理業務は、A法人が運営する

本件霊園の維持管理を図りその利便性・快適性を向上させ，もって請求人の営む各事業の円滑な運営を行うためになされる本件霊園の管理事業と解するのが相当である。

そうすると，本件管理業務は，施行令第5条に掲げる，物品販売業以下33項目（現行34項目）の事業のいずれにも当たらないから，これを収益事業ということはできないと判断した。

（結　論）

課税庁のなかには法解釈を勝手に拡大したり，また逆に措置法規定は解釈の狭義性，厳格性が要求される等と主張する向きがある。これが通達行政の温床ともなっている。

しかし，通達は，上級行政庁が法令の解釈や行政の運用方針などについて，下級行政庁に対してなす命令ないし指令にすぎないのであって，通達が法令の適用範囲を拡張したり縮小したりすることはできない。通達は，法律の正しい解釈に合致している限りにおいて，その妥当性が認められるにすぎないのであって，通達の規定が，法律の解釈の根拠となるものではない。租税法律主義はこのことを意味している。

なお，平成22年7月15日の東京高裁判決では，課税庁が法の趣旨と考えずに拡張解釈することを否定している。

この判決では措置法の政策目的の趣旨に照らして解釈するとして，狭義，厳格に解釈するという課税庁や税大の古い考え方を否定していることを知るべきである。

　　　　　　　　　　コ　メ　ン　ト

墓地の使用料の場合は，一般的には管理料を含んでいるが，これを別請求していることで請負業収入と主張する課税庁は，税を取るためだけの主張のように思われる。

これを永代使用料の附随事業でないというのも単なる言いがかりのようである。

また，課税するという請負業の定義を法令で明確にしていないのも考えものである。
　もともと収益事業に課税するのは一般企業と競合関係や公平維持から判断すべきで，課税庁のようにむやみにその範囲を拡大すべきではない。審判所が示すように，理由なく拡張解釈するのは許されない。
　この場合の管理業務を請負業とする課税庁の解釈手法は租税法の趣旨に反している。

第2節　減価償却資産

基礎知識

I　資本的支出のとらえ方

1　意　義
　法人税法においては，修理・改良その他名義の何たるを問わず，その有する固定資産について支出した金額で，次の①又は②に該当するもの（いずれにも該当する場合には，多い方の金額）は，資本的支出の額として，その事業年度の損金の額に算入しないこととしている。（令132）。
① 　当該支出する金額のうち，その支出により，当該資産の取得の時において，これについて通常の管理又は修理をするものとした場合に予測される当該資産の使用可能期間を延長させる部分に対応する金額
② 　当該支出する金額のうち，その支出により，当該資産の取得の時において，これについて通常の管理又は修理をするものとした場合に予測されるその支出の時における当該資産の価額を増加させる場合に対応する金額

2　期間延長分
　①における「使用可能期間」とは，個別耐用年数が定められているものについては，その年数，個別耐用年数が定められていない資産については，通常の使用可能期間をいうものとされている（旧法基通233）。
　なお，「使用可能期間を延長させる部分に対応する金額」は，次の算式によって計算する。

$$\text{支出金額} \times \frac{\text{支出直後の使用期間} - \text{支出直前の使用可能期間}}{\text{支出直後の使用可能期間}} = \text{使用可能期間の延長部分に対応する額}$$

　（注）　上記の支出直前の使用可能期間は，通常の管理修理をした場合の期間である。

3　価額増加分

次に，②による「資産の価額を増加させる部分に対応する金額」は，次の算式によって計算される。

$$\begin{pmatrix}\text{支出直後}\\\text{の価額}\end{pmatrix} - \begin{pmatrix}\text{支出前において通常の管理，修}\\\text{理をした場合に予測される価額}\end{pmatrix} = \begin{matrix}\text{価額を増加させる}\\\text{部分に対応する分}\end{matrix}$$

この考え方も，使用可能期間延長の場合と同様であって，支出後の価額と比較するのは，支出前の実際の価額ではなく，通常の管理，修理をしたと仮定した場合の支出前の理論上の価額である。支出前の理論上の価額と実際価額との差額は，過去における管理，修理不足分の取戻しと考えられる。

4　耐用年数との関係

減価償却資産の法定耐用年数は，通常の管理，修理を行うことを前提に測定されていることはすでに述べたとおりである。

このことから，如何なる費用を修繕費と予定して耐用年数を定めたかを知れば，修繕費として損金の額に算入し得る金額を求めることができるといえよう。

例えば，甲という固定資産があり，1つのフレームとA及びBという部分品から構成されているものとし，その取得価額及び使用可能期間が次のようなものであったとする。

〈甲の構成〉

区　分	取得価額	使用可能期間
フレーム	1,000,000円	20年
A部分品	200,000円	10年
B部分品	180,000円	3年
合　計	1,380,000円	

もし，A及びBの部分品の取替えを修繕費であると予定すれば，法定耐用年数は20年と算定されよう。

A部分品の取替えを資本的支出，B部分品の取替えを修繕費とすれば，耐用年数は次のように測定される。
① 年償却費
（1,000千円÷20年）＋（200千円÷10年）＋（180千円÷20年）＝79,000円
② 耐用年数
1,380千円÷79千円≒17.4年⟶17年

A及びB部分の取替えを，いずれも資本的支出であるとすれば，耐用年数は次のように変わることになる。
① 年償却費
（1,000千円÷20年）＋（200千円÷10年）＋（180千円÷3年）＝130,000円
② 耐用年数
1,380千円÷130千円≒10.61年⟶10年

5 資本的支出の具体的例示

そこで，取扱通達においては，資本的支出に関する基本的な考え方を「……固定資産の価値を高め，又はその耐久性を増すこととなると認められる部分に対応する金額」であることを示すとともに，次のような金額を原則として資本的支出にあたるものとして例示している（法基通7－8－1）。

① 建物の避難階段の取付等物理的に付加した部分に係る費用の額
② 用途変更のための模様替え等改造又は改装に直接要した費用の額
③ 機械の部分品を特に品質又は性能の高いものに取替えた場合のその取替えに要した費用の額のうち，通常の取替えの場合にその取替えに要すると認められる費用の額を超える部分の金額
　（注）建物の増築，構築物の拡張，延長等は，建物等の取得に当たる。

この取扱いは，いわば資本的支出となるものの典型を例示したものといえるが，むしろ，（注）において資本的支出と資産の取得費との区分に対する税法の態度を明らかにしたものといえよう。

6 修繕費の例示

法人税関係法令においては，修繕費の意義を積極的に規定したものはない。すでに述べたように，令第132条において資本的支出の意義を示しているので，

この反対解釈として消極的に把握するほかはない。

ただし，取扱通達においては，修繕費の意義を「……固定資産の通常の維持管理のため，又はき損した固定資産につきその原状を回復するために要したと認められる金額」であるとして，建物の移築費用等次の5つの費用を例示している。(法基通7－8－2)。

① 建物の移えい又は解体移築をした場合（移えい又は解体移築を予定して取得した建物についてした場合を除く。）におけるその移えい又は移築に要した費用の額
    （注）　解体建築の場合は，旧資材の70％以上を再使用し，従前と同一規模及び構造であることが必要である。
② 機械装置の移設（解体費を含む。）の額
    （注）　集中生産等の場合の移設を除く。
③ 地盤沈下した土地を沈下前の状態に回復するために行う地盛りに要した費用の額
    （注）　土地取得後直ちに地盛りする費用や土地の利用目的変更，効用増加のための地盛り又は地盤沈下による評価損計上後の地盛りを除く。
④ 建物，機械装置等が地盤沈下により海水等の侵害を受けることとなったために行う床上げ，地上げ又は移設に要した費用の額
    （注）　改良部分は除く。
⑤ 現に使用している土地の水はけを良くする等のために行う砂利，砕石等の敷設に要した費用の額及び砂利道又は砂利路面に砂利，砕石等を補充するために要した費用の額

7　問題点

資本的支出を「使用期間延長分」と「価値増加分」という単純な考え方で税務では律しているが，通常の修繕でも若干は使用可能期間が延長されるし，価値はある程度増加するものである。このような思考で税務執行をしてよいか否かは疑問である。

8　取壊し建物等の除却損

法人がまだ使用に耐え得る建物，構築物等を取壊した場合，それがこれらに

代わる建物等の取得である場合には，その取壊し直前の帳簿価額を新たな建物等の取得価額に含めなければならないのかという疑問も生ずるが，新しい建物の価値を増加させる要素も見受けられないので，取壊し直前の帳簿価額（廃材等の見積額を除く。）は取壊し日の属する事業年度の損金の額に算入する（法基通7－7－1）。

9 土地とともに取得した建物等の除却損

　法人が建物等の存する土地（借地権を含む。）を建物等とともに取得した場合や自己の所有する土地の上に存する建物等を取得した場合に，その取得後おおむね1年以内にその建物等の取壊しに着手するなど，当初からその土地を利用することが明らかであるときは，取壊し時における建物の帳簿価額と取壊し費用の合計額は，その土地の取得価額に算入する（法基通7－3－6）。

　これは，建物等を土地とともに取得しても，もともと建物等を利用する目的はなく，その敷地となっている土地が欲しいため，やむを得ず建物ごと取得し，その後に建物を取壊して土地を利用し，ビル等を建築する場合などに適用されるものである。

　ただ，これらを取得した法人が，取得後に直ちに建物を取壊すことなく，一定期間経過後に取壊すことも考えられるので，「当初から土地を利用するために建物ごと取得したのか否か」という法人の目的を判定する形式基準として「おおむね1年」を設定したのである。

　したがって，1年経過後に建物を取壊したとしても，はじめから土地だけを利用することが明らかであれば，適用される取扱いといえよう。

　逆に，建物自体を利用する目的であったところ，その後に状況が変化して，1年以内に建物を取壊さなければならなくなったということが明らかであれば，この取扱いをストレートに適用するわけにはいかない。

　たとえば，木造の旅館用建物をその敷地とともに取得し，事業の用に供していたところ，近隣の同業者がつぎつぎと鉄筋コンクリート造のホテルを新築したために，客が激減し，当社も対抗上木造建物を取壊し，鉄筋コンクリート造のホテルを新築するに至った場合など，取壊しが取得後1年以内だからという理由だけで取壊し損失を否認することは無理があろう。

事 例 解 説

Ⅱ　事例でみる減価償却資産

1　事例の内容

　税務調査において減価償却資産の損金算入が否定され，国税不服審判所の審査請求で全部取り消しとなって，更正処分が取り消される例が少なくないが，そのほとんどが不開示となっている。これらのうち，TAINSで情報公開法により公開された事例を中心にその内容を取り上げてみた。

事　例

2　資本的支出と修繕費の区分

(事　例)
甲株式会社は，当該事業年度において，その所有する建物に対して次の工事を行った。

区分	建物名	本件工事の内容	工事金額
A	本社倉庫	カラートタンで屋根を覆い被せた工事（屋根カバー工法）	14,000,000円
B	流通センター	陸屋根の上に鉄骨を組みアルミトタンで屋根を葺いた工事（折板屋根工事）	10,900,000円
C	Pビル	陸屋根の上に鉄骨を組みカラー鉄板で屋根を葺いた工事（折板屋根工事）	21,700,000円

　これに対して，課税庁では「使用可能期間の延長」「価値の増加」という理由で，そのすべてを資本的支出としているが，この処分を受け入れる

べきであろうか。
> （注）　本稿は平成13年9月20日裁決の事件の一部を参考にしている。

(問題点)

　陸屋根造りの建物の雨漏りについては，一般にその箇所が特定できないため，陸屋根を全部葺き替えるのか，陸屋根の上を鉄骨を組み屋根で覆うほかはない。

　しかし，課税庁の第一線ではこのような工事に関する知識がなく，「使用可能期間延長分」「価値増加分」で資本的支出と判定するため，実務ではトラブルが絶えない。

　このため，本稿でこの点を解説するものである。

(検　討)

(1)　資本的支出の考え方

①　法令規定

　法人税法施行令第55条《資本的支出の取得価額の特例》では，既存の減価償却資産に対して資本的支出を行った場合，その資本的支出は，その支出金額を固有の取得価額として，既存の減価償却資産と種類及び耐用年数を同じくする減価償却資産を新たに取得したものとされる（法令55①）。

　これに関しては，法人が修理・改良その他名義のいずれかを問わず，その有する固定資産について支出した金額で，次の①又は②に該当するもの（いずれにも該当する場合には，多い方の金額）は，その事業年度の損金の額に算入しないこととしている（法令132）。

　　㋑　当該支出する金額のうち，その支出により，当該資産の取得の時において，これについて通常の管理又は修理をするものとした場合に予測される当該資産の使用可能期間を延長させる部分に対応する金額

　　㋺　当該支出する金額のうち，その支出により，当該資産の取得の時において，これについて通常の管理又は修理をするものとした場合に予測されるその支出の時における当該資産の価額を増加させる場合に対応する金額

　上記のうち㋑の「使用可能期間延長分」は次の算式で計算される。

$$支出金額 \times \frac{支出直後の使用期間 - 支出直前の使用可能期間}{支出直後の使用可能期間} = 使用可能期間の延長部分に対応する額$$

(注) 上記の支出直前の使用可能期間は、通常の管理修理をした場合の期間である。

また、㋺の「価値増加分」は次の算式で計算される。

$$\begin{pmatrix}支出直後\\の価額\end{pmatrix} - \begin{pmatrix}支出前において通常の管理、修\\理をした場合に予測される価額\end{pmatrix} = 価額を増加させる部分に対応する分$$

しかし、いずれの工事であっても、多少の価値増加分や使用可能期間延長分はあるのであり、実務上は税務の基準をそのまま適用するわけにはいかない。

② 税法整備小委員会の資料

昭和39年3月の税制調査会の税法整備小委員会資料（203頁）において、修繕費とするものに「法定耐用年数算定上修繕費と予定されている部品の取替えに要した支出」が明示されていることから、耐用年数の算定上の区分が問題となる。

これについては、「固定資産の耐用年数の算定方式」において明示されている。

具体的区分は、建物、建物附属設備、船舶、汎用機械装置、科学機器について例示されているが、十分なものではない。

③ 資本的支出の例示

税法では、資本的支出の判定基準として、使用可能期間の延長に対応する部分及び価額の増加に対応する部分を示している（法令132二）。

しかし、現実的には、固定資産について修理、改良等のために支出した金額を、その支出の結果として固定資産に及ぼす影響等の実質を重視して判定しなければならず、抽象的な規定のみで個別的判定をすることは不可能に近い。

そこで、取扱いでは、次のような金額を原則として資本的支出に当たるものとして例示している（法基通7－8－1）。

㋑ 建物の避難階段の取付等物理的に付加した部分に係る費用の額
㋺ 用途変更のための模様替え等改造又は改装に直接要した費用の額

(ハ)　機械の部分品を特に品質又は性能の高いものに取替えた場合のその取替えに要した費用の額のうち、通常の取替えの場合にその取替えに要すると認められる費用の額を超える部分の金額

④　**修繕費の例示**

取扱いでは、次のものを修繕費として例示している。
(イ)　建物及び機械装置の移設等
(ロ)　地盤沈下の回復
(ハ)　建物等の廃止計算
(ニ)　水はけをよくするための砂利等の敷設等

(2)　**事例の判定**

①　**A建物**

屋根の20箇所以上の亀裂から雨漏りが発生したもので、その亀裂に対して個別に修理ができたにもかかわらず、その屋根の上に屋根全体を覆い被せた屋根カバー工法により工事を行ったものであり、耐用年数の到来が近い屋根を新たに覆う本件工事は屋根の耐用年数を延長し、その価額を増加させると認められることから、本件工事費用を資本的支出とする。

②　**B建物（流通センター）とPビル**

各建物の屋根がそれぞれ陸屋根造りであるため、雨漏りの箇所が特定できないことから、陸屋根の上に鉄骨を組み屋根で覆った折板屋根工事による防水工事を応急的に行ったものである。また、本件工事は、過去何度となく補修工事を行っていたにもかかわらず雨漏りが続いていたこと等を考慮すると、本件工事を行わない場合においては結果的に当初予定の建物使用可能期間を短縮させることになると予測されるとともに、本件工事によって新たに生じた屋根裏の空間にも利用価値が認められないことから、建物の維持管理のための措置であったと認められ、本件工事費用は修繕費とするのが相当である。

（結　論）

資本的支出か修繕費かの区分を、価値増加分又は使用可能期間延長分だけで判断する税務上の取扱いは単純すぎる。

むしろ、耐用年数測定の要素になっていたか否か等実務上の工夫によって判

断せざるを得ないだろう。

コ　メ　ン　ト

コメントNOW　　資本的支出を使用可能期間延長分と価値増加分という単純な規定で振り分けている税法規定をそのまま受け取ることは適正とはいえない。

どのような工事であっても（修繕費となるような），多少の価値増加分や使用可能期間延長分はあるのであり，実務上は税務の基準をそのまま適用するわけにはいかない。これを法令規定を単純適用すると，すべての工事が資本的支出となってしまう。

陸屋根の場合の雨漏りは，全体を補修しないと雨がまわって漏れるものなので，漏れている部分を塞ぐのではなく，屋根全体をカバーするというのは建築業界の常識である。

課税庁がこのような常識を持ち合わせていなかったための更正であるから，B建物とPビルの工事が修繕費とされるのは当然である。

3 建物を建て替えた際の旧建物除去損

（事 例）

　A株式会社はP製品製造業を行う同族会社である。同社は木造の工場用建物を所有していた（経年の取得後10年でまだ使用に耐えられる。）。

　しかし，同建物を建築した際の建築基準法における耐震基準が現在では改正され，地震による被害が心配されるので，木造の建物を取り壊し，新たに鉄筋コンクリート造の建物を新築した。

　この場合に旧建物（木造）の帳簿価額と取壊し費用を損金の額に算入した。

　この処理について，調査官は「まだ使用に耐えられる木造建物を取り壊したのは，鉄筋コンクリート造の建物を新築するためであったのだから，取壊し損失は新建物の取得価額に含めるべきである。」と主張しているが，どのように取り扱うべきか。

（問題点）

　旧建物を何のために取り壊したかと考えれば，除去損を新建物の取得価額に含めるという理論はそれなりに理由がある。

　しかし，減価償却資産の取得価額を定めた法令規定（法人税法施行令第54条）からみて，この解釈によって税務執行をすることに無理があり，法人税基本通達7－7－1がどのような考え方で定められているかを考える必要がある。

（検 討）

　法人税法施行令第54条では，減価償却資産の取得価額を次のように規定している。

〈購入の場合〉

① その資産の購入代価（引取運賃，荷役費，運送保険料，購入手数料，関税その他その資産の購入のために要した費用がある場合には，その費用を

加算した金額）
② その資産を事業の用に供するために直接要した費用の額
〈自己の建設等の場合〉
① その資産の建設等のために要した原材料費，労務費又は経費の額
② その資産を事業の用に供するために直接要した費用の額

この規定を生のまま読むと，「木造建物を取り壊したのは鉄筋コンクリートの建物を建築するためである」という論理や「木造建物はまだ使用に耐え得るもので，これを取り壊したのは新建物を建設するためである」という論理も成り立つ。

こうなると，事例の調査官の主張のように旧建物の帳簿価額及び取壊しに費やした費用は新建物の取得価額に算入すべきであるとする論理も生じよう。

税務の第一線でこのような主張がなされて，これがトラブルとなることを恐れた国税庁は，次のような取扱通達を発置した。

> **（取り壊した建物等の帳簿価額の損金算入）**
> 7－7－1　法人がその有する建物，構築物等でまだ使用に耐え得るものを取り壊し新たにこれに代わる建物，構築物等を取得した場合（7－3－6《土地とともに取得した建物等の取壊し費等》に該当する場合を除く。）には，その取り壊した資産の取壊し直前の帳簿価額（取り壊した時における廃材等の見積額を除く。）は，その取り壊した日の属する事業年度の損金の額に算入する。

この取扱いを置くことによって，たとえ新しい建物を建設する意図のもとに旧建物を取り壊したとしても，その建物の取壊し損失を新建物の取得価額に算入するのは，やや法解釈を拡張しすぎるため，取壊しに係る費用と旧建物の帳簿価額を損金の額に算入するというのである。

なお，この通達については，次のような当局の解説が付されている。

> **解説**　まだ使用に耐え得る建物等を取り壊した場合，それが土地とともに取得したもので，その土地の利用のために取り壊したものであるときは，法人税基本通達7－3－6により，その土地の取得価額に算入することに

なる。しかし，その取壊しがこれに代わる新たな建物等の取得のためである場合には，その取壊し直前の帳簿価額相当額を新たな建物等の取得のためということでその取得価額に含めなければならないかという疑問も生じる。このため，本通達において，それが損金となることが明らかにされている。

(『法人税基本通達逐条解説』)

ここでは，旧建物の帳簿価額と取壊し費用を損金の額に算入する理由が示されていないが，この通達を作る際には国税庁の中でも，新建物を建設するために旧建物を取り壊したとしても旧建物の除却損を新建物の取得価額に含めるというのは，税務の取扱いに無理があり，さらに，法人税法施行令第54条の規定からしても新建物の取得価額に含めるとは読めないという意見が有力で，法人税基本通達7-7-1で損金の額に含めることにしたのである。

(結　論)

まだ使用に耐え得る木造の建物をこれに代わる鉄筋コンクリート造の建物を新築するために取り壊した場合に，その取壊し損を新建物の取得価額に算入しなければならないのかという問題である。

木造建物を何のために取り壊したかという意図からみれば，新建物を建築するために支出した費用として取得価額を構成するという考え方が生ずる余地があるかもしれない。

しかし，法人税法施行令第54条（減価償却資産の取得価額）の規定からみて，新建物の取得価額とするという調査官の主張には無理がある。

コメント

旧建物を（木造）を取り壊して新建物（鉄筋コンクリート造）を建設する場合に，「木造建物を取り壊したのは鉄筋コンクリートの建物を建築するためである」という論理や「木造建物はまだ使用に耐え得るもので，これを取り壊したのは新建物を建設するため

である」という論理を使って取り壊し損は新建物の取得価額に含めるべきだと主張する向きもあり，この事例の調査官の主張がそれである。

しかし，減価償却資産の取得価額を規定した法人税法施行令第54条の規定から旧建物の除却損を新建物の取得価額に算入するわけにはいかない。

そこで，法人税基本通達7－7－1に取扱いを置いた。

上記通達の解説でも次のように述べている。

「その取壊しがこれに代わる新たな建物等の取得のためである場合には，その取壊し直前の帳簿価額相当額を新たな建物等の取得のためということでその取得価額に含めなければならないかという疑問も生じる。このため，本通達において，それが損金となることが明らかにされている。」

恐らく，調査官はこの通達を知らなかったのであろう。

164 第5章 その他

事　例

4　冷房用設備は建物附属設備か器具及び備品か

(事　例)

　A組合は組合員に対して日用品の供用と食堂事業等を行う協同組合であるが，食堂ホールの冷房のため設置した減価償却資産が「器具及び備品」に該当するか，又は「建物附属設備」に該当するかが問題となった。

　A組合の経理によると次のように区分される。

番号	資産名	事業のように供した年月	取得価額	種類	耐用年数
①	エアコン一式	平成3年8月	13,199,472	器具及び備品	6年
②	エアコン配管一式	平成3年8月	12,540,339	器具及び備品	6年
③	エアコン動力設備一式	平成3年8月	3,686,009	建物附属設備	15年
④	エアコン土木工事一式	平成3年8月	1,074,180	構築物	40年

　（注）　上表の資産のうち，食堂事務室に設置した冷房用機器（以下「本件事務室冷房用機器」という。）に係る部分を除く①のエアコン一式及び②のエアコン配管一式を合わせて，以下「本件冷房用資産」といい，③のエアコン動力設備一式と④のエアコン土木工事一式を併せて，以下「本件冷房関連工事」といい，また，本件冷房用資産と本件冷房関連工事を合わせて，以下「本件冷房用資産等」という。

　上記について課税庁は取得資産のうち本件事務室冷房用機器の取得価額を388,221円とし，その種類は器具及び備品，耐用年数は6年であるとして，これを除くその余の30,111,779円はすべて一つの建物附属設備の取得価額であるとして耐用年数13年を適用し，これらの資産の償却限度額を計算したところにより更正処分等をした。

　これに対してA組合はどのように対応すべきであるか。

　（注）　この事例は平成12年5月25日の国税不服審判所の裁決で更正処分が全部取消

しになった。しかし，非公開となっていたので情報公開法第9条第1項により開示して得た情報である。

（問題点）

税務実務としては冷房用設備が「器具及び備品」か「建物附属設備」かについて税務調査でよく問題になるところである。

本件でも課税庁は本件冷房用資産が建物本体に固着し，また，各冷房用設備が相互に結合して一つの設備として機能し食堂ホール内全体を冷房していると主張し，納税者は本件冷房用資産を簡易に取外しが可能な状態で使用していることが認められ，また，本件冷房用資産は，単体の冷房用機器の集合体とみるのが相当であって，これらが設置された建物内全体又は食堂ホール内全体を相当広範囲にわたって冷房するものであるとは認められないとした。

（検　討）

(1)　原処分庁（課税庁）の主張

課税庁の主張は次の通りである。

本件冷房用資産等は，①冷却装置（室外機）と冷風装置（室内機）が区分されたセパレートタイプのエアーコンディショナーであり，②冷媒配管でつながれ，③空調動力制御盤が設置され，④2台の圧縮機が一体となって稼働する室外機7台と室内機14台が空調動力制御盤により制御され，7個のスイッチで稼働し，⑤1台の冷却装置に2台の冷風装置が組み合わされ，7組に稼働を分割して制御していることから，各冷房用設備が相互に結合して一つの設備として機能していることが認められる。

さらに，本件冷房用資産等は，食堂ホールの天井内に冷媒配管工事が施され，ドレン配管は既存の排水縦管3か所につながれ，室内機は天井につり下げて取り付けられたものであることから，会館の建物本体に固着されたものであると認められ，建物と構造上独立・可分であるとは認められないこと及び一つの設備として，食堂ホール全体を冷房することが可能であり，これは食堂ホールの使用価値を高めるものと認められることから，法人税法施行令第13条（減価償却資産の範囲）第1号に規定する建物附属設備に該当するものと認められる。

(2) 納税者の主張

本件に関する納税者の主張は次の通りである。

① 原処分庁は，本件冷房用資産等が建物附属設備であるとする理由として，食堂事務室内に設置された空調動力制御盤により本件冷房用資産は7組に分割制御されており，本件冷房用資産等は一つの設備として機能していると主張するが，この空調動力制御盤は単純な動力分電盤であり，7組の冷房用設備を相互に制御しているようなものではない。

② さらに，原処分庁は，本件冷房用資産等は会館の建物本体に固着されたものであることから建物と構造上独立・可分であるとは認められないとしているが，他方で，本件事務室冷房用機器は，本件冷房用資産と仕様及び設置方法等が同様であるにもかかわらず，器具及び備品に該当するとしており，その考え方に整合性がない。

③ 原処分庁は，原処分に係る更正通知書に附記した更正の理由として，本件冷房用資産等は，耐用年数の適用等に関する取扱通達2－2－4（冷房，暖房，通風又はボイラー設備）に定める「ダクトを通じて相当広範囲にわたって冷房するもの」であることから建物附属設備の冷暖房設備に該当すると判断した。その後，本件冷房用資産のダクトは，冷媒配管の屋外を通る部分を隠すための化粧用ダクトであり冷風を通すためのものではないことが異議審理庁により確認され，本件冷房用資産は，①7組の各冷房用設備が相互に結合して一つの設備として機能している，②大学会館の建物本体に固着しているとの新たな理由を追加して更正処分を維持する異議決定がなされた。このような処分は，手続上，違法である。

(3) 審判所の判断

本件に関して，国税不服審判所は次のように判断した。

① 本件冷房用資産の冷媒配管は，7組の各室内機及びこれに対応する室外機ごとに別の系統に区分されて配管されている。

② 本件冷房用資産の室外機が設置されている箇所は，整地された上にコンクリートが打たれているが，会館西の土手面の一部であると認められ，本件冷房関連工事のうちのエアコン土木工事一式は，本件冷房用資産と一体のものであるとは認められない。

③ 本件冷房関連工事のうちエアコン動力設備一式として設けられた空調動力分電盤にはブレーカー等が配置されているが，これは本件冷房用資産専用に設置されたものではないので，本件冷房用資産と一体のものとは認められず，また，本件冷房用資産全体の機能を制御するものではない。

④ 上記③の空調動力分電盤とは別に，本件冷房用資産のうちには食堂冷房リモコンスイッチ盤が設置され，食堂ホール冷房用の上記①の各室内機及びこれに対応する室外機の7組をそれぞれ稼働させるスイッチが7個及び本件事務室冷房用機器のスイッチが1個の合計8個のスイッチが配置されているが，これらのスイッチは，それぞれ単独で機能するものであって，各室内機及びこれに対応する室外機のすべてを相互に関連させてその全体を制御することが可能なものではない。

⑤ 本件冷房用資産の7組の各室内機及びこれに対応する室外機は，1組の単独の稼働によって食堂ホール内全体を冷房するための十分な能力は有しておらず，各室内機が設置された箇所の近辺をそれぞれ局所的に冷房するものである。

⑥ 納税者は，食堂ホールの利用者の状況に応じて，本件冷房用資産の7組の各室内機及びこれに対応する室外機をそれぞれ1組ごとに稼働又は休止しながら使用していることが認められる。

(4) 判断のポイント

① 法人税法上の減価償却資産は，法人税法施行令第13条において，資産の種類が具体的に規定されており，同条第1号に建物及びその附属設備が掲げられている。この建物附属設備については，省令の別表第1に構造又は用途の異なるごとに耐用年数が定められており，償却限度額の計算に当たっては，その定められた耐用年数を適用することとされている。

　この場合，建物附属設備とは，機械及び装置以外の有形減価償却資産であって，同表に掲げられた他の種類の資産（建物，構築物，船舶，航空機，車両及び運搬具，工具並びに器具及び備品）以外のもので，暖冷房用設備，照明設備，通風設備，昇降機その他建物に附属する設備をいい，建物と一体となって建物の効用価値を高めるものをいうと解されている。

② 納税者は本件冷房用資産を簡易に取外しが可能な状態で使用していること

が認められ、また、本件冷房用資産は、単体の冷房用機器の集合体とみるのが相当であり、これらが設置された建物内全体又は食堂ホール内全体を相当広範囲にわたって冷房するものであるとは認められない。
③　以上のことから、本件冷房用資産の機種、形状、機能並びに設置及び使用の状況等の客観的事実により本件冷房用資産の属性について総合的に判断すれば、本件冷房用資産は、建物と一体となって建物の効用価値を高めるものとは認められないことから、建物附属設備には該当せず、納税者が有形固定資産明細表に記載した区分のとおり、器具及び備品として耐用年数6年を適用しその償却限度額を計算するのが相当であると認められる。

（結　論）

裁決では、冷房用資産の機種、形状、機能並びに設置及び使用の状況等の客観的事実によりその属性について総合的に判断すると、本件冷房用資産は、建物と一体となって建物の効用価値を高める建物附属設備には該当せず、器具及び備品として耐用年数6年を適用するのが相当であるとしたものである。

ここでは、建物から取外しができるか効用の一体性により判断すべきであるとしたものである。

コ　メ　ン　ト

冷房用資産を建物附属設備とするか、器具備品とするかは税務調査でもよく問題となるか、両者の耐用年数の違いから所得金額に大きく影響する。

機器のスイッチが単独で機能するもので室外機を相互に関連させて制御していない局部的に冷房するものである。

もともと、建物附属設備は、暖冷房用設備、照明設備、通風設備、昇降機その他建物に附属する設備をいい、建物と一体となって建物の効用価値を高めるものをいうと解されている。

また、「納税者は本件冷房用資産を簡易に取外しが可能な状態で使用していることが認められ、また、本件冷房用資産は、単体の冷房用機器の集合体とみ

るのが相当であり，これらが設置された建物内全体又は食堂ホール内全体を相当広範囲にわたって冷房するものであるとは認められない。」とした。

　この事例では，機器が建物から取外しができるか効用の一体性により判断すべきであるとしたものである。

事例

5 原発事故と評価損，有姿控除

（事 例）
　A社は原発事故による賠償対象地域に工場用建物があり，原発事故により資産（建物等）は使用することはないとして東京電力（株）から損害賠償を収受した。
　この場合に収受した損害賠償金は益金の額に算入したが，建物を現状有姿のまま除去することができるか。

（問題点）
　原発事故による損害については，その直接的な被災による評価損を計上する場合もあるが，その資産の所在地に立ち入ることもできない場合もある。
　これを物理的損害がないとして処理するのは問題であるので，国税庁では，FAQでその手当てをしているが，通達等を正さないままに解釈基準にメスを入れないのは問題がある。

（検 討）
　「災害に関する法人税，消費税及び源泉所得の取扱いFAQ」は，平成24年12月3日に「原発被災資産の評価損（Q4-2）」を追加した。本稿のA社はこのFAQに関するものである。
　まず，事例の「賠償対象区域」とは，「平成24年7月24日付で東京電力株式会社が公表した『避難指示区域に見直しに伴う賠償の実施について（避難指示区域内）』において，財物賠償の対象地域とされた帰還困難区域及び住居制限区域・避難指示解除準備区域をいう。」としている。
　ここでは原発事故による賠償対象区域内に土地・建物を保有している場合に，原発事故により，資産の価値が減少する損害があったとして，その土地・建物が賠償の対象とされたときに，その資産について税務上，評価損を計上することができるかという問題である。

法人税法施行令第68条第1項3号では，評価損計上の原因事実を次のように規定している。
　① 災害により著しく損傷したこと。
　② 1年以上にわたり遊休状態にあること。
　③ 本来の用途に使用することができないため他の用途に使用されたこと。
　④ 所在する場所の状況が著しく変化したこと。
　⑤ 内国法人について会社更生法又は金融機関の更生手続の特例等に関する法律の規定による更生計画認可があったことによりその資産につき評価換えをする必要が生じたこと。
　⑥ ①～⑤に準ずる特別の事実があったこと。
　一般的には建物や土地について物理的に損害がなくても，これらを使用できない状況にあるのが現実である。
　そこで，FAQでは，「お尋ねの賠償対象区域内にある土地・建物は，その所在する場所の状況が原発事故前に比べ著しく変化しており，評価損が計上できる事実である『資産の所在する場所の状況の著しい変化』が生じているものと考えられます。したがって，当該土地・建物について，その時価が帳簿価額を下回る場合には，損金経理することにより，その差額について，評価損を計上することができます。」としている。
　この回答は条理上当然であるが，むしろ，平成24年12月にFAQに追加するまで，事故から1年9か月もこの回答ができなかった方が問題である。
　なお，上記では原発事故で資産価値が減少する損害があった場合の評価損であるが，A社が望んでいるのは有姿除却であるので，これについて検討してみよう。
　「有姿除却」とは，使用を廃止しているが，解撤，廃棄，破砕を行っていない資産についても，既に固定資産としての命数や使用価値が尽きていることが明確なものについて，現状有姿のまま除却処理を認めようとするものである。
　すなわち，次のような資産については，その帳簿価額からその処分見込価額を控除した金額を，有姿のまま除却損として損金の額に算入することができることとしている（法基通7－7－2）。
　① 使用を廃止し，今後通常の方法により事業の用に供する可能性がないと認められる固定資産

② 特定の製品の生産のために専用されていた金型等で、その製品の生産を中止したことにより将来使用される可能性のほとんどないことがその後の状況等からみて明らかなもの

①については、使用を廃止していることと、今後通常の方法によって事業の用に供する可能性がないという2つの条件を備えれば、現状有姿のままで除却処理をすることを認めたものである。企業が使用を廃止した資産について解撤、破砕、廃棄等しないのは、これらに多額の費用を要する場合や、将来再使用の可能性がごくわずかであっても残っている場合であろう。

有姿のまま放置し、又は、わずかな再使用の可能性のために保有している資産を、廃棄等をしないからという理由だけで除却処理を認めないのは現実的でないため、これを認めることとしているのである。

国税庁のFAQ4－3（原発事故により被災した減価償却資産の有姿除却）についても平成24年12月に追加したものであるが、「当社では、原発事故による賠償対象区域内に保有する建物について、諸般の事情を踏まえた結果、今後、事業の用に供する可能性はありません。また、その解体・撤去等も困難であることから、当社では、当該建物を現状のまま除却処理することとしました。

この場合、当該建物について、税務上、除却損の計上が認められるのでしょうか。」という問に対して、国税庁では、「お尋ねの建物のように、その使用を廃止し、今後通常の方法により事業の用に供する可能性がないと認められる固定資産については、その帳簿価額からその処分見込価額を控除した金額を除却損として損金の額に算入することができます（法基通7－7－2）。」と答えている。

（結論と残る問題）

原発事故による損害賠償地域にある建物等については、評価損の計上も容認されるが、今後事業の用に供される可能性がないものについては、有姿除却を認めている。これらは平成24年12月にFAQに追加したものである。

しかし、法解釈基準として確定させるため、通達等で公表すべきである。

気になるのは、同じFAQ（Q8）について、「被災資産以外の資産について耐震性を高めるための工事を行った場合に、その工事に要した費用は修繕費として処理してよろしいですか。」という問に対して、「被災資産以外の資産につ

いて耐震性を高めるための工事を行った場合には，原則として，その工事に要した費用は，その資産の使用可能期間の延長又は価額の増加をもたらすものとして資本的支出に該当し，その支出金額が新たな減価償却資産の取得価額となります（法令55，132）。」と答えているが，私見としてはこのような単純な解釈には疑問を持っている。

コ メ ン ト

　　この事例では，原発事故の損害賠償地域にあって稼働できない工場用建物は評価損の対象にもなり有姿除却も認めるとしているので納得できる。

　これらは平成24年12月に追加された国税庁FAQ4－3で明らかにされている。

　しかし，被害資産以外の耐震性を高める工事について，「被災資産以外の資産について耐震性を高めるための工事を行った場合には，原則として，その工事に要した費用は，その資産の使用可能期間の延長又は価額の増加をもたらすものとして資本的支出に該当し，その支出金額が新たな減価償却資産の取得価額となります（法令55，132）。」としている。

　例えば，建物取得後に耐震基準が改正されたため補修したものを使用可能期間の延長，価値の増加だけで資本的支出として割り切るのは適正であろうか。

　なお，平成26年度税制改正で，耐震改修促進法の耐震診断結果の報告を平成27年3月31日までに行った事業者が，平成26年4月1日からその報告を行った日以後5年を経過する日までに，耐震改修対象建築物の耐震改修により取得等をする耐震改修対象建築物の部分について，その取得価額の25％の特別償却ができることにした。

　このように，法改正では耐震改修を手当していながら，税の執行で資本的支出と決め付けるのはいかがなものであろうか。

```
┌─────────────────────────────────────────────────────────────────┐
│ 改正耐震改修促進法                                               │
│ ①不特定多数のものが利用する大規模な建築物（病院，旅館など）     │
│ ②地方公共団体が耐震改修促進計画で指定した避難路に敷地が接する建築物 │
│ ③都道府県が耐震改修促進計画で指定した防災拠点となる建築物       │
│                                                                 │
│                        ⇩                                        │
│                                                                 │
│ ・耐震診断の実施，その結果を所管行政庁へ報告義務                 │
│   →所管行政庁はその報告の内容を公表                             │
│ ・耐震性が確保されていなかった場合には，所有者は耐震改修を行う努力義務 │
│   →所管行政庁の耐震改修に係る指導・助言，指示。指示に従わない場合には │
│    公表                                                         │
└─────────────────────────────────────────────────────────────────┘
```

（出所）財務省資料

事例

6　固定資産取得に際して支払われた固定資産税相当額

（事　例）

　A社は当該事業年度中（平成X年7月1日）にB社から土地・建物を取得した。この際に売買契約書にこの不動産に係る固定資産税はクロージング日（引渡日）をもって区分し，その前日までを売主の負担，その当日以降を買主の負担とすることが定められている。

　A社はこの定めに基づいて負担した固定資産税相当額を損金の額に算入したが，税務調査では，これを固定資産の取得価額に算入すべきであるとして更正した。

　この更正処分は正しいか。

（注）　この事例は平成24年7月5日付の国税不服審判所の裁決例を参考にしている。

（問題点）

　A社が不動産を取得するに際して，物件の引渡日以降の分としてB社に支払った固定資産税相当額を「固定資産税」そのものと考えるか，それとも「固定資産税相当額」を契約に基づいて負担した額と考えるかによって，その負担額が当期の損金となるか，固定資産の取得価額になるかに分かれる。

　これについては，数次の裁決例，判決例があるにもかかわらず，税務に関する学会で議論が続けられているのはどうしてであろうか。本稿において検討をしてみる。

（検　討）
(1)　取得価額と課税庁・納税者の主張

　法人税法施行令第54条では，減価償却資産の取得態様別の取得価額を規定しており，このうち購入の場合の取得価額は次の①と②の合計額である。

①　その資産の購入代価（引取運賃，荷役費，運送保険料，購入手数料，関税（附帯税を除く。）その他その資産の購入のために要した費用がある場

合には，その費用を加算した金額）

②　その資産を事業の用に供するために直接要した費用の額

基本的には，インボイス・プライスに附随費用と供用費用を加えたものであるが，高価取得資産の購入代価のうち，相手方に贈与したとみられる金額は取得価額に含まれない（法基通7－3－1）等，支出金額がその代価を実質的に構成しているか否かについての検討が必要である。

本件の審査請求について国側は次のように主張し，固定資産税相当額は不動産の取得価額となると主張した。

①　地方税法第343条第1項等の各規定によれば，固定資産税等は，その賦課期日である毎年1月1日現在の固定資産の所有者に対して課されるものであり，賦課期日後にその固定資産の所有者となった者がその固定資産に係る固定資産税等の納税義務を負うことはないから，不動産の買主であるA社が固定資産税等相当額を負担したとしても，A社が納税義務を負うことはなく，A社が不動産に係る固定資産税等そのものを負担したものとは認められない。

②　固定資産税等相当額は，売買契約書の定めにより生じる債権債務関係に基づいて売買当事者間で授受されるものであり，その授受は，不動産の売買の条件の一つであるから，固定資産税等相当額は，不動産の購入の代価の一部であると認められ，法人税法施行令第54条第1項第1号の規定により本件不動産の取得価額に算入すべきものである。

これに対して，納税者は固定資産税相当額は次の理由で当期の損金であるとした。

①　固定資産税等相当額は，A社が地方税法上の納税義務者として支払う固定資産税等そのものではないものの，A社と売主であるB社は，受益権売買契約書に基づいて不動産の所有権の移転日をもって，その年度の固定資産税等を所有期間であん分し，固定資産税等の負担を公平に分担したものであり，地方税法上の納税義務者でないという理由で損金の額に算入しないというのは明らかに誤りである。

②　不動産取得に係る租税公課は，別段の定めがあるものを除き，取得価額を構成しないと考えるのが相当である。

また，法人税法施行令第54条第1項第1号の規定は，減価償却資産の購入に

直接要した費用を指すものであり，所有期間に対応してA社とB社との間で公平に分担した固定資産税等相当額のような間接経費を取得価額に含めることは，貸借対照表上に時価以上の過大な資産を計上することになる。

(2) 考え方のポイント

A社が引渡日以降の固定資産税等相当額をB社に支払ったのは，地方税法上の納税義務に基づくものではなく，当事者間の契約に基づくものであったから固定資産税そのものでなく，計算上（契約上）の固定資産税相当額に過ぎず，いわば固定資産税を支払わないで不動産を所有できるために売買金額に上乗せされたものに過ぎない。

平成24年7月5日の国税不服審判所の裁決では，「固定資産税等相当額は，不動産に対して賦課される固定資産税等を不動産の引渡日以降に相当する部分はA社が負担する旨の売買契約書の定めに基づいてB社に対して支払われたものであるから，地方税法上の固定資産税等の納税義務に伴う負担ではなく，売買契約書の定めによりA社とB社との間に生じる債権債務関係に基づいて固定資産税等の相当額として売買当事者間で授受されたものであって，また，不動産の売買に伴って授受されたものであり事後費用とはいえないことからすれば，固定資産税等相当額は，不動産の購入の代価の一部であると認めるのが相当である」とした。

この裁決は租税法の立場からは当然のことと考えるが，税務会計の考え方から多くの学者が学会等で異をとなえる意味は理解できない。恐らく，負担額の法的性格を考えずに期間損益の考え方だけで判断しようとしているのであろう。

（結 論）

審査請求において，会計的知識しか持たない納税者は，「固定資産税等相当額について，その全額が事業年度の損金の額に算入されないとしても，A社が支払った固定資産税等相当額のうち不動産の引渡しを受けた日から事業年度終了の日までの期間に相当する金額を事業年度の損金として認め，残額を前払費用とすべきである」と主張した。

しかし，国税不服審判所では，「固定資産税等相当額は，不動産の取得価額

に算入すべきものであり，また，一定の契約に従い継続して役務の提供を受ける場合にいまだ提供されていない役務に対応して支払われたものではなく，前払費用に該当しないことは明らかである。」としてこの主張も斥けた。

税務は会計ではなく法律であるから，法的性格を正しく捉えることが必要であろう。

コメント

不動産を取得するに際して，物件の引渡日以降の分として相手方に支払った固定資産税相当額を「固定資産税」そのものと考えるか，それとも「固定資産税相当額」を契約に基づいて負担した額と考えるかによって，その負担額が当期の損金となるか，固定資産の取得価額になるかに分かれる。

これを税務会計の立場からすれば，固定資産税として期間費用となる。

しかし，これは地方税法により納付するものではなく，固定資産税相当額を契約によって負担したに過ぎないとすれば取得価額となる。

権利・義務を主体とする租税法からすれば納税義務に基づかない契約による負担額は税とは言えず税相当額である。

税務会計の考え方は学会等で学者が主張するが，租税法の立場からは受け入れられない。

【参考】平成26年度改正

国税不服申立制度の見直し

不服申立ての手続については，行政不服申立法の見直しに伴い次のようになった。
(1) 処分に不服がある者は，直接審査請求ができることとする（現行「異議申立て」と「審査請求」の2段階の不服申立前置）。なお，現行の審査請求に前置する「異議申立て」は「再調査の請求（仮称）」に改める。
(2) 不服申立期間を処分があったことを知った日の翌日から3月以内（現行2月以内）に延長する。
(3) 審理関係人（審査請求人，参加人及び処分庁）は，担当審判官の職権収集資料を含め物件の閲覧及び謄写を求めることができることとする（現行審査請求人及び参加人の処分庁提出物件の閲覧のみ）。
(4) 審査請求人の処分庁に対する質問，審理手続の計画的遂行等の手続規定の整備を行う。
(5) 国税庁長官の法令解釈と異なる解釈等による裁決をするときは，国税不服審判所長は，あらかじめその意見を国税庁長官に通知しなければならないこととする。国税庁長官は，国税不服審判所長の意見を相当と認める一定の場合を除き，国税不服審判所長と併せて国税審議会に諮問することとする。国税不服審判所長は，その議決に基づいて裁決しなければならないこととする。
(6) その他所要の措置を講ずる。
(注) 上記の改正は，(5)を除き，改正行政不服審査法の施行の日から適用する。

国税不服申立制度の見直し

○ 行政不服審査法の見直しに合わせ、国税不服申立制度（国税通則法等）について所要の見直しを行う。

[主な見直し事項]
・不服申立期間を2か月から3か月に延長
・[異議申立て]を廃止し、[再調査の請求]（選択制）を創設

【 見直し案 】

処分 →（3か月以内）→ 再調査の請求（対原処分庁）→（1か月以内）→ 決定（※）→ 審査請求（対国税不服審判所長）→（6か月以内）→ 裁決（※）→ 訴訟

処分 →（3か月以内 直接審査請求）→ 審査請求（対国税不服審判所長）

審理関係人（審査請求人・原処分庁）の証拠書類等の閲覧・謄写

【 現　行 】

処分 →（2か月以内）→ 異議申立て（対原処分庁）→（1か月以内）→ 決定（※）→ 審査請求（対国税不服審判所長）→（6か月以内）→ 裁決（※）→ 訴訟

処分 →（2か月以内 青色申告書に係る更正等の場合直接審査請求可）→ 審査請求（対国税不服審判所長）

審査請求人の証拠書類等の閲覧

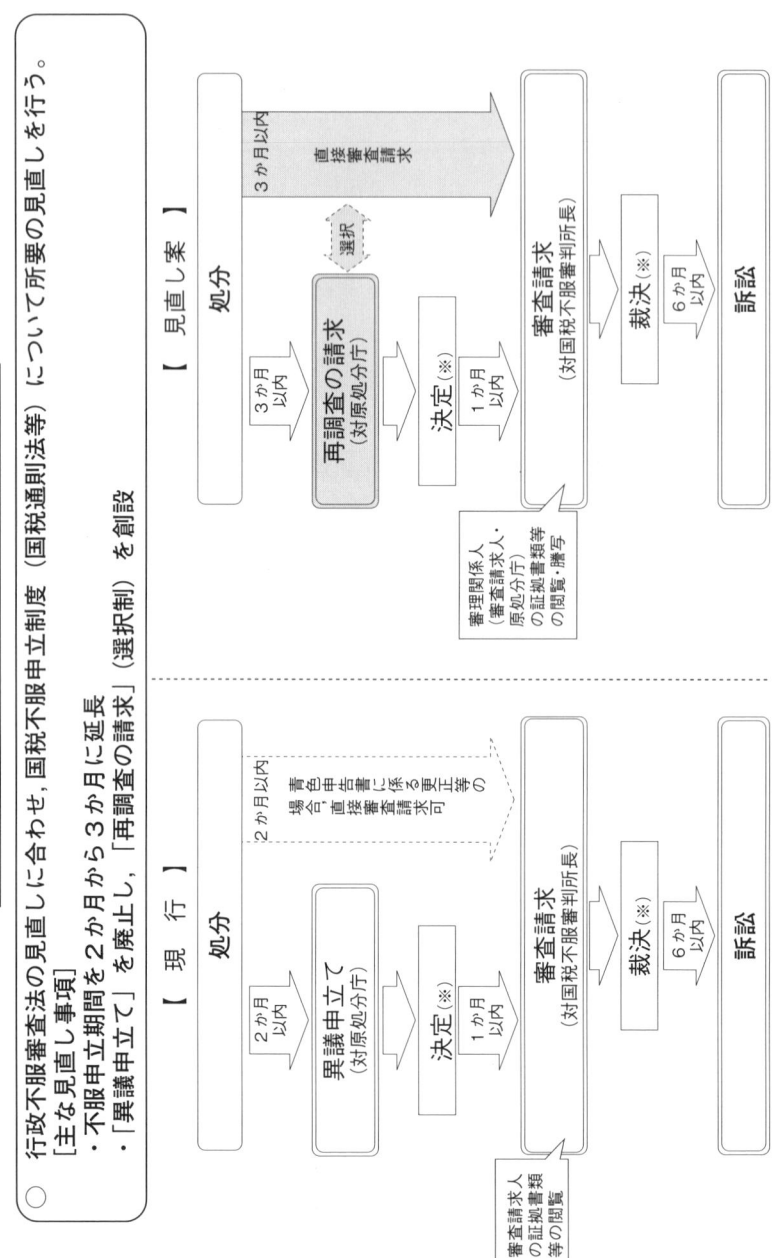

（※）原処分庁・国税不服審判所長から3か月以内に決定・裁決がない場合は、決定・裁決を経ないで、審査請求・訴訟をすることができる。

山本　守之
（ヤマモト　モリユキ）

　税理士。現在，日本税務会計学会顧問，租税訴訟学会副会長（研究・提言担当），税務会計研究学会理事，日本租税理論学会理事を務め，全国各地において講演活動を行うとともに，千葉商科大学大学院（政策研究科，博士課程）でプロジェクト・アドバイザー（専門分野の高度な学術研究，高度な実務経験を持つ有識者）として租税政策論の教鞭をとっている。

　研究のためOECD，EU，海外諸国の財務省，国税庁等を約30年にわたり歴訪。

　机上の理論だけでなく，現実の経済取引を観察し，公平な租税制度のあり方を考える。また，税理士の立場から納税者の租税法解釈権を主張し，法令や通達を無機質的に読むのではなく「人間の感性で税をみつめる」態度を重視している。

〈主な著書〉

「租税法の基礎理論」「租税法要論」「体系法人税法」「消費税の課否判定と仕入税額控除」「連結納税の実務」「検証法人税改革」「企業組織再編の税務」「判決・裁決例からみた役員報酬・賞与・退職金」「実務消費税法」「交際費の理論と実務」「法人税の争点を検証する」「検証納税者勝訴の判決」（共著）「法人税の実務解釈基準」（編著）「税制改正まるわかり！～動き・焦点からその背景まで～」（以上税務経理協会）「税務形式基準と事実認定」「交際費・使途秘匿金課税の論点」「法人税の理論と実務」「検証税法上の不確定概念」（共著）「課税対象取引と対象外取引」「税金力」（以上中央経済社）「法人税の実務」「消費税の実務」（以上税務研究会）「法人税全科」「検証国税非公開裁決」（監修）「実務に活かす税務判決・裁決事例」（監修）（以上ぎょうせい）「法人税がわかる本」「法人税申告の実務全書」(監修)「消費税実務と対策はこうする」（以上日本実業出版社）「税務是認判断事例集」(監修)「支出先別交際費判定の手引」（編著）（新日本法規）他多数。

裁決事例（全部取消）による
役員給与・寄附金・交際費・貸倒れ・資本的支出と修繕費
―こうして私は税務当局に勝った！―

平成26年3月16日	初版発行
平成26年6月10日	初版第2刷発行
平成26年7月20日	初版第3刷発行

著　者　山本　守之

発行者　宮本　弘明

発行所　株式会社　財経詳報社
〒103-0013　東京都中央区日本橋人形町1-7-10
電　話　03（3661）5266（代）
ＦＡＸ　03（3661）5268
http://www.zaik.jp
振替口座　00170-8-26500

落丁・乱丁はお取り替えいたします。　　印刷・製本　平河工業社
©2014　　　　　　　　　　　　　　　　　Printed in Japan 2014
ISBN 978-4-88177-401-4